KB079675

미국에서 본 **미국 정치**

미국에서 본 미국 정치

선거와 양극화 그리고 민주주의

박홍민 · 국승민 지음

UNDERSTANDING
AMERICAN POLITICS
Elections, Polarization and Democracy

Understanding American Politics: Elections, Polarization and Democracy

Hong Min Park, John S. Kuk

ORUEM Publishing House

Seoul, Korea

2023

미국은 우리에게 친숙한 나라이다. 영화나 드라마를 통해 일상적으로 접하고 있고, 우리와 정치·경제·문화적으로 깊은 교류가 오랫동안 유지되고 있어 가까운 이웃처럼 생각되는 나라. 그러나 가까이 다가가서 보면 볼수록 복잡하고 생소하며 다이내믹하게 변화하는 것이 미국 정치이기도 하다. 미국 명문 대학에서 미국 정치를 가르치는 정치학 교수라는 특별한 위치의 저자들은 이러한 인식의 간극을 이 책을 통해 메워주고 있다. 이 책 속에는 미국의 갈등이 있고 미국의 제도가 있으며 갈등을 제도적으로 해결하려는 노력들이 있다. 그렇게 이 책을 읽다 보면 미국 정치뿐 아니라 우리의 정치, 나아가 민주주의에 대한 이해가 깊어지게 될 것이라고 확신한다.

— **박원호** (서울대학교 정치외교학부 교수, 전 서울대학교 미국학연구소 소장)

이 책은 최근 위기를 겪고 있는 미국의 정치 상황에 대해 유용한 정보를 제공해 주고 있다. 오랫동안 국제정치의 행위자로서 미국을 바라보았던 한국의 독자들에게 미국의 국내 정세의 동학을 생생하게 확인할 수 있는 기회를 제공해 주는 시의적절한 책이다. 특히 이 책을 통해 민주주의 국가인 미국에서 선거가 얼마나 중요한 정치 과정인지를 깨닫는다면, 미국의 외교정책을 이해하는 데에도 큰 도움이 될 것이다.

— **하상응** (서강대학교 정치외교학과 교수, 전 미국정치연구회 회장)

친숙하다고 여겼던 미국 정치와 문화의 낯선 모습에 빠져들다가, 그들이 마주한 민주주의 위기에 우리를 돌아보게 된다. 미국을 잘 알거나 모른다고 말하는, 혹은 친미 또는 반미를 표방했던 당신을 위한 책이자 미국과 깊이 상호작용을 하는 한국의 내일을 내다보기 위한 필수 교재!

— **김정훈** (CBS 노컷뉴스 기자, 《386 세대유감》 공저자)

2023년 현재 미국에서 일어나는 정치 현상의 원인이 궁금하다면, 이 책을 펼쳐야 한다. 연달아 기소당한 트럼프 전 대통령의 인기는 왜 오히려 올라갈까? 컨트리 뮤직이 갑작스레 빌보드 상위를 차지하는 이유는 뭘까? 디샌티스 주지사는 왜 디즈니와 싸울까 등등의 물음표가 늘어갈 때, 미국 대학에서 미국 정치를 가르치는 두 교수의 최신 분석이 빛을 발한다. 2024년 미국 대선을 읽는 키워드를 미리 알아갈 수도 있다. 한국어로 된 좋은 미국 정치 콘텐츠를 찾고 있다면 놓쳐서는 안 될 책이다.

— **김은지** (시사 IN 기자, 《20대 여자》 공저자)

이 책의 시작은 2016년으로 거슬러 올라간다. 저자 중 박홍민은 당시 미국 대통령 선거에 대한 기고문을 한국일보에 10번에 걸쳐 실었다. 주제별로 미국 정치학자들의 논의를 요약해서 소개하면 될 것이라는 안이한 생각으로 시작했다. 그런데 한 번에 신문 1면 정도의 분량을 쓰기 위해 매번 2-3일 동안 온종일 그 일에만 매달려야 했다.

그 이후로 신문에 기고하는 일은 더 빈번해졌고, 방송 인터뷰 요청도 이어졌다. 하지만 익숙해지면서 준비 시간이 단축되는 일 같은 것은 없었다. 정치학자가 되는 훈련을 받은 사람들끼리의 대화보다 보통사람들과 소통하는 일이 훨씬 더 어렵다는 것을 깨달았다.

저자 중 국승민은 한국, 특히 한국 언론에서 논의되는 미국 정치를 보면서 자주 언급되지 않는 측면이 소개되면 좋겠다고 생각해왔다. 트럼프 대통령의 지지층을 경제적 문제로 고통받는 백인 노동자로 단순화하는 논의를 보면서, 또 IRA로 더 잘 알려져 있는 인플레이션감축법안 Inflation Reduction Act의 제정과 개정 논의에서 미국 의회의 입법 과정에 대한 이해가 부족하다고 느끼면서 그런 생각은 굳어졌다. 저자가 박사과정에서 미국 정치에 대해 느꼈던 새로움과 즐거움을 나누고 싶었다.

미중 대결이 격화되고 국제 정세가 격변하면서 미국 정치를 꿰뚫는 깊은 이해에 대한 수요가 커져가고 있음을 느낀다. 미국의 대선 논의에 한국 언론과 국민들이 한국 대선만큼이나 깊은 관심을 가지는 것도 피부로 느꼈다. 미국 정치 연구자로서 작게나마 저자가 할 수 있는 일이 무엇일지 생각했다.

그러던 중 2022년 늦은 봄 무렵 두 명의 저자가 소셜미디어를 통해 연결되었다. 약간의 학연도 있었지만, 한국인으로는 드물게 미국 정치를 전공했다는 공통점이 더 컸다. 그런 우리는 하나의 계획에 쉽게 동의할 수 있었다. 미국 정치를 한국 독자에게 설명하는 책을 쓰기로 한 것이다. 원래 계획은 그해 여름에 일을 끝내는 것이었지만, 무려 1년의 시간이 걸렸다. 글쓰는 일이 직업인 우리에게도 학술논문이 아닌 일반서적을 쓰는 것은 쉬운 일이 아니었다.

우리는 미국 정치를 쉽게 설명하는 동시에 학술적인 엄밀함도 지키려고 노력했다. 특히 미국 정치학계의 체계적인 연구결과를 충분히 반영하기 위해 최선을 다했다. 그러므로 이 책의 많은 주장들과 이론들은 저자들만의 독창적인 이야기가 아니다. 오히려 지난 수십 년간 축적된 '집단지성'의 결과물이다. 물론 저자들의 노력에도 불구하고 부정확하게 전해질 수도 있는데, 그것은 순전히 우리의 잘못이다. 언제든지 피드백을 환영한다.

저자 중 박홍민은 아내 김유하에게 특히 고마움을 전하고 싶다. 정치학을 잘 모르는 변호사인 그녀는 언제나 '고리타분'하거나 '장황'한 이야기를 하지 말라고 조언해 주고 있다. 그녀가 아니었다면 이 책이 4배는 더 지루하고 2배는 더 어려운 졸작이 되었을 것이다. 앞으로도 '채찍질'을 기대한다. 별안간 '해외동포'가 되어버린 아들에 대한 실망이 아직까지도 크신 부모님께는 죄송스러운 마음이 크다. 건강 잘 챙기시기를 빈다.

저자 중 국승민은 아내 김지영에게 감사의 마음을 전하고 싶다. 미국 생활의 동반자로서 언제나 아낌없이 저자를 지지해주고 저자의 글도 읽고 글이 좋아질 수 있도록 도와주었다. 아내의 마음은 저자의 연구와 글쓰기를 가능하게 하는 든든한 지지대와 같다. 저자가 사랑하는 정치학을 마음껏 연구할 수 있도록 키워주신 부모님께도 고마움을 전하고 싶다. 또 학자로서의 고민을 학계에만 머물지 않도록 도와주는 김은지 기자에게도 고맙다.

마지막으로 도서출판 오름의 부성옥 사장님과 천명애 편집장님의 도움에도 감사의 말씀을 전하고 싶다.

2023년 여름
미국에서 미국인에게 미국 정치를 가르치고 있는
박홍민, 국승민

차 례

1부 대통령 선거: 미국 정치의 경쟁과 균열

11

미국 정치를 꿰뚫어보는 관점 정립을 위하여

2022년 8월 바이든 대통령의 주요 공약사항을 담은, 입법 1순위였던 인플레이션감축법이 상원을 통과했다는 뉴스가 발표됐다. 미국에서도 갑작스러운 소식에 많은 이들이 놀랐지만, 한국에서도 속보로 크게 기사화되었다. 기후변화 관련 다양한 정부 정책을 담은 이 법안이 한국에서 크게 화제가 된 이유는 바로 전기자동차 보조금 때문이다. 북미 지역에서 최종 조립한 전기자동차만 혜택을 받게 되었고, 한국산 자동차업계가 큰 피해를 볼 예정이었다.

자동차 보조금 관련 뉴스가 쏟아지며 명백해진 점도 하나 있다. 미국 의회의 입법 과정을 제대로 이해하고 보도한 뉴스가 거의 전무했다는 것이다. 통과된 법을 개정하기 위해선 백악관이나 행정부에게 외교력을 집중해야 한다는 주장부터 법 개정이 어렵지 않을 거라는 보도도 끊이지 않았다. 웨스트버지니아주 출신의 조 맨친 상원의원이 전기자동차 보조금 관련하여 결정적인 역할을 했었다는 사실, 그리고 수많은 기업들이 입법 과정에서 개별 의원에게 로비하고 있다는 사실을 제대로 이해하는 기사도 극히 드물었다. 세계 면에 미국 기사가 넘쳐났지만 동시에 공허했다.

미국은 한국에게 가깝고도 먼 나라이다. 정치·경제·사회·문화·기술의 모든 분야에서 양국 간 교류는 매우 활발하며, 수많은 사람들이 미국에서 받은 교육과 경험을 한국에 전파해 왔다. 더욱이 미국과 중국의 패권 대결이 본격화되고 디커플링이 진행되면서, 한국을 미국으로 끌어들이는 구심력은 점점 강해지고 있다. 하지만 정작 한국 사회는 미국의 정치제도와 정치문화에 대해 매우 피상적으로만 알고 있다.

가장 대표적인 예는 미국 민주주의의 장단점을 종합적으로 파악하지 못한다는 점이다. 한국 사회 곳곳에 산재하는 여러 문제를 해결하기 위해 정부·민간·학계의 전문가들이 모이면, 거의 예외 없이 미국에서 어떻게 하고 있는지부터 살펴본다. 특히 정치 분야는 이러한 경향이 더 심한데, 유럽의 여러 국가들과 달리 미국이 한국처럼 대통령제를 채택하고 있기 때문이다. 하지만 미국의 정치를 복합적으로 보면 건국 후 200여 년간 쌓여 온 문제들이 상당하다. 이렇게 오래된 문제 그리고 현대의 문제를 해결하기에 200여 년 된 헌법과 제도가 종종 장애물이 되곤 한다. 예를 들면, 연방제와 지방분권의 훌륭함은 한국 사회에 널리 알려져 있지만, 미국의 고질적인 문제가 연방제를 통해 유지되어올 수 있었고, 연방제가 오히려 민주주의 후퇴의 첨병이 될 수도 있다는 사실은 잘 알려져 있지 않다.

미국에서 미국인들에게 미국 정치를 가르치며 연구하고 있는 저자들은 이 점을 매우 안타깝게 생각해 왔다. 더욱이 세계 정세의 변화 속에서 미국을 제대로 이해하지 않고 미국과 가까워진다는 것은 위험한 일이다. 미국이 왜 가치 동맹을 강조하는지, 왜 한국 기업들의 반도체 미국 투자를 원하는지, 왜 점점 보호주의적 흐름이 강해지는지 등을 이해하려면 미국 정치제도와 정치문화에 대한 깊은 이해가 요구된다.

한국 사회의 관심을 끈 미국 정치의 큰 사건을 하나 더 살펴보자. 2016년 11월 선거에서 도널드 트럼프는 모두의 예상을 깨고 대통령으로 당선되었다. 선거운동 과정에서 정제되지 않은 언행을 보여줬으며 몇 건의 성추문에 연루되기도 한 후보였기에 한국과 한국 사람들에게 적잖은 충격이었다. 하지만 혹자는 시스템이 통치하는 미국이니 별문제가 없을 것으로 예측했고, 4년은 그럭저럭 흘러갔다. 뭐 적어도 한국에는 아름답지 않은 미국의 실상이 크게 드러나지 않은 채 지났다.

그리고 2020년 재선에 실패한 트럼프 대통령은 선거부정을 주장했다. 그의 지지자들은 두 달 뒤 워싱턴 D.C. 연방의회 의사당에 침입하는 '폭동'도 일으켰다. 저자가 당시 한국 언론과의 인터뷰에서 "그래도 공화당 지지자들의 약 40퍼센트 정도는 이 사건을 지지한다"고 말하자 매우 당황해하던 진행자의 목소리가 잊히지 않는다. 미국 정치의 민낯은 생각보다 갑작스럽게 한국인들에게 훅 치고 들어왔다.

미국 정치를 보다 정확히 알 필요가 생겼다. 신변잡기적 에세이 수준에서 벗어나 미국 정치의 특징을 꿰뚫어 볼 수 있는 '관점'이 절실하다. 특히 미국 정치학계의 체계적인 연구결과를 기반으로, 다양한 시각을 통한 심도 있는 이해가 필요하다.

《미국에서 본 미국 정치》는 이러한 요구에 대한 저자들의 답이다. 필자들의 전문성을 최대한 반영하여 미국의 국내정치에 포커스를 맞추었다. 미국의 독특한 정치문화도 무시할 수는 없지만, 특히 선거와 정치제도를 중심으로 미국 정치의 큰 틀을 이해하고자 했다. 선거가 미국 대의민주주의의 근간이기도 하거니와, 거의 모든 정치인들이 선거 승리를 정치의 일차적인 목표로 삼고 있기 때문이다. 또한 다양한 정치적 행위자들의 전략적 상호작용은 미국 정치의 핵심적인 특징 중 하나인데, 이 과정에서 정치제도가 매우 중요한 영향을 미치기 때문이다.

1부는 대통령 선거를 다루었다. 한국도 마찬가지이지만, 대통령 선거는 미국의 정치적 지형과 균열을 반영한다. 이를 통해 미국 정치의 기본적인 경쟁구도를 이해하는 것이 목표이다. 민주당과 공화당의 지지기반은 무엇이며, 역사적으로 어떻게 변해왔는지 체계적으로 살펴본다. 또 후보를 정하는 방식과 선거자금 및 선거 캠페인의 특징을 그 제도적 기반과 연관지어 논의한다. 마지막으로 파란만장했던 2016년과 2020년 대선에 대한 분석도 추가했다.

2부는 연방의회 선거를 다루었다. 대통령 선거를 통해 미국 민주주의와 미국 정치에 대한 기본적인 이해를 할 수 있다면, 연방의회 선거는 미국 정치의 구조적인 문제를 보다 상세히 알아가는 데 큰 도움이 된다. 역동적인 면도 흥미롭지만, 부조리한 측면이 부각되어 보이기 때문이다. 특히 다른 선진 민주주의에서 볼 수 없는 두 가지 특징, 즉 편파적인 선거구 획정과 과도한 현직자 이점을 살펴본다. 그리고 2018년과 2022년 중간선거에 대한 분석도 추가해 생동감을 더했다.

3부는 미국 정치의 현주소를 분석했다. 1부와 2부에서 지속적으로 등장하는 '정당 양극화'를 먼저 살펴본다. 정당 양극화는 최근 한국에서도 주목받고 있는 경향인데, 미국의 사례를 독자들이 직접 한국과 비교해 볼 수도 있겠다. 이를 통해 미국 민주당과 공화당의 미래, 더 나아가 한국 정당의 미래까지도 고민해 볼 수 있는 기회가 될 것이다.

연방의회와 연방대법원을 이해하는 것은 미국 정치를 다각도로 바라볼 수 있게 해준다. 대통령과 의미심장한 상호작용을 하고 있으며, 정당

정치와 정당 양극화의 구체적인 양상을 관찰할 수도 있기 때문이다. 또한 인종, 총기규제, 그리고 낙태법 폐지와 관련한 여성의 임신중지권 이슈는 미국이 현재 가지고 있는 갈등의 최전선을 살펴보게 한다. 특히 정당 양극화의 영향으로 최근 갈등 양상이 극단으로 치닫고 있는데, 미국 민주주의의 가치를 근본적으로 고민하게 한다. 마지막으로 미국이 국제 문제를 다루는 방식을 이 책의 초점인 국내정치 분석틀을 통해 이해해 본다.

미국은 완벽에 가까운 선진 민주주의가 아니다. 이 책을 끝까지 다 읽는다면, 오히려 미국 사회가 가지고 있는 고질적인 병폐와 갈등에 더 눈길이 갈지도 모른다. 하지만 갈등의 제도적인 해결이 정치의 가장 큰 역할이라는 점을 상기하면서, 미국 정치의 진정한 면모를 독자들이 맛볼 수 있기를 기대한다. 이를 통해 우리의 가깝고도 먼 이웃, 미국과 보다 건설적인 관계를 이어가는 계기로 삼으면 더 좋겠다.

1장

누가 어느 후보에게 투표하나?

우리는 흔히 영남 유권자들이 여당인 국민의힘 후보자를 지지하고 호남 유권자들이 야당인 더불어민주당 후보자를 지지한다고 말한다. 또한 젊은 세대와 기성세대가 다른 후보를 지지한다거나, 진보와 보수의 성향에 따라 지지하는 후보가 달라진다고들 말한다. 그렇다면 이러한 일반적인 경향이 미국의 선거에서도 존재할까? 그런 경향이 존재하지만, 한국과 미국은 조금 다르다.

일반적으로 선거에서 유권자들은 크게 두 가지 선택을 한다. 첫째는 투표를 할 것인가 말 것인가의 선택이고, 둘째는 투표를 한다면 누구에게 투표할 것인가의 선택이다. 미국의 경우, 정치학자를 비롯한 수많은 사회과학자들이 유권자들의 두 가지 선택을 여러 가지 방법으로 연구해왔다. 여기에서는 공식적인 선거 개표 결과와 전미선거연구ANES: American National Election Studies로 대표되는 여론조사 결과 등을 통해서 미국 선거의 전체적인 경향을 살펴본다.

1. 누가 투표하는가?

미국 대통령 선거의 경우 평균 약 60퍼센트 정도의 유권자들이 실제로 투표를 한다. 연령, 교육수준, 그리고 주거조건 등의 요인들이 영향을 미친다고 알려져 있다. 연령은 미국뿐만 아니라 우리나라에서도 선거에 주요한 영향을 미치는 요인인데, 가장 최근인 2020년의 경우, 25세 미만 유권자들의 51퍼센트만이 투표를 한 반면 65세 이상 유권자들은 76퍼센트가 투표를 했다.

교육수준의 경우, 우리나라에서는 고학력 유권자들이 기권하는 비율이 높지만 미국은 정반대의 경향을 보인다. 고등학교를 졸업하지 못한 유권자들은 40퍼센트만이 투표를 한 반면, 대학원 이상의 학력을 가진 유권자들은 81퍼센트가 투표를 했다. 주거조건의 경우도 미국만의 독특한 현상인데, 자신의 집을 소유하고 있는 유권자가 그렇지 않은 유권자에 비해 약 20퍼센트포인트 정도 높은 투표 참가율을 보인다.

그런데 미국 대선에서 누가 투표를 하는가의 문제는 정치학자들뿐만 아니라 민주·공화 양당에게도 매우 중요한 문제이다. 왜냐하면, 나이가 어릴수록, 교육수준이 낮을수록 그리고 집에 세를 들어 살수록 선거에서 기권할 가능성이 높은데, 이들이 대개 민주당 지지자인 경우가 많기 때문이다.[1]

많은 이들이 투표율이 낮은 원인으로 유권자 등록voter registration 제도를 지목한다. 주민등록제도가 없는 미국에서는 실제 투표를 하기 위해서 사

---

1 이와 같은 경향은 트럼프 대통령 당선 때인 2016년부터 달라진다. 백인 중 대학교육을 받지 않은 유권자들의 공화당 성향이 강해지고 학사학위를 소지한 유권자들은 민주당 성향이 강해지면서, 투표율의 높고 낮음이 특정 정당에 유리했던 패턴에 변화가 생기고 있기 때문이다.

전에 자신이 유권자라는 사실을 주정부에 등록해야 한다. 당연히 유권자 등록이 비교적 쉬운 주와 그렇지 않은 주가 있고, 이들 주의 투표율은 극명히 대비된다. 예를 들어 투표와 유권자 등록을 동시에 할 수 있게 되어 있는 미네소타나 위스콘신의 경우는 80퍼센트와 76퍼센트의 투표율을 보여 2020년 미국 전체 투표율인 67퍼센트에 비해 상당히 높은 편이다.

이러한 이유로 민주당에서는 지난 수십 년 동안 유권자 등록을 용이하게 하도록 여러 가지 개혁안을 지속적으로 추진해왔다. 운전면허증을 발급하는 곳이나 인터넷에서 쉽게 유권자 등록을 할 수 있도록 하거나, 정당의 선거운동원이 유권자 등록을 돕는 것을 허용하기도 한다. 모두 민주당 지지자들의 투표율을 높이려는 시도이다.

반대로, 공화당의 경우는 유권자 등록 시 사진이 있는 신분증을 반드시 지참하도록 강제하는 제도(일명 voter ID law)를 2006년경부터 추진했다. 이 제도는 도심지에 모여 살기 때문에 운전면허증이 굳이 필요없는 흑인이나 히스패닉 유권자 등록을 방해하려는 의도였다. 그리고 제도의 도입 전후를 비교해 본 연구에 따르면 평균적으로 10퍼센트 정도의 투표율 감소 효과가 있다고 알려졌다.[2]

2. 누구에게 투표하는가?

미국의 경우, 유권자가 누구에게 투표를 하는가에 대해서는 정당일체감 party identification or party ID이라고 불리는 요인이 가장 중요하다고 알려져

---

2 Bernard L. Fraga. 2018. *The Turnout Gap: Race, Ethnicity, and Political Inequality in a Diversifying America*. Cambridge: Cambridge University Press.

있다. 이것은 우리나라에서 비교적 최근에서야 생겨나고 있는 경향인데, 유권자가 특정 정당에 대해 심리적으로 가까이 느껴 선거뿐만 아니라 정보수집, 정책 지지여부 등 정치와 관련된 제반 사항을 결정하는 것을 지칭한다.

대개 어린 시절 부모님으로부터 어느 정당에 소속될 것인지 영향을 받는다고 알려져 있으며, 한번 형성되면 비교적 오랫동안 변하지 않고 여러 선거를 걸쳐서 지속된다고 한다. 또한 이러한 소속감은 흡사 종교적 신념과 유사하여, 자신이 속한다고 믿는 정당에 유리한 방향으로 강화되는 경향이 있으며 그 정당이 추진하는 정책이나 그 정당 소속 후보에 대해서 거의 무조건적인 지지를 보내는 특성이 있다.

예를 들어 보자. 갤럽에서는 "연방정부가 일반국민들의 자유와 권리에 즉각적인 위협이 된다고 생각합니까?"라는 질문을 여러 시기에 걸쳐서 유권자들에게 해보았다. 그리 당파적이지 않아 보이는 질문이다. 그런데 그 결과가 2006년과 2010년 극명하게 대비되어 나타난다.[3] 2006년 9월 공화당 부시 대통령 재임 시절에는 민주당에 소속감을 가진 유권자의 57퍼센트가 그렇다고 답한 반면 공화당에 소속감을 가진 유권자의 21퍼센트만이 그렇다고 답했다. 그러다가 2010년 9월 민주당 오바마가 대통령일 때에는 그 결과가 정반대로 뒤바뀌어, 민주당에 소속감을 가진 유권자의 21퍼센트만이 그렇다고 답한 반면 공화당에 소속감을 가진 유권자의 66퍼센트가 그렇다고 답했다. 자신이 소속되어 있다고 느끼는 정당 출신이 대통령이냐 아니냐에 따라 정부 자체에 대한 신뢰까지도 바뀐 것이다.

구체적인 개별 정책에 대한 지지여부도 이와 별반 다르지 않다. 오바

---

3 http://www.gallup.com/poll/143717/Republicans-Democrats-Shift-Whether-Gov-Threat. aspx

마케어, 이민정책, 코로나 대처방안 등 그 범위도 넓고 다양하다. 더욱이 이러한 정당일체감은 선거에서 누구를 지지할 것인가를 결정할 때에도 매우 중요한 요소로 작용한다. 2020년 미국 대선에서는 자신이 민주당에 소속감을 가지고 있다고 생각하는 유권자의 90퍼센트가 바이든 후보를 지지한 반면, 자신이 공화당에 소속감을 가지고 있다고 생각하는 유권자의 89퍼센트가 트럼프 후보를 지지했다.

그런데 특정 정당에 소속감을 가지고 이와 같이 일방적인 투표 성향을 보이는 유권자는 미국 전체 유권자의 80~85퍼센트 정도를 차지한다. '무당파' 유권자는 고작 15퍼센트 남짓인 것인데, 한국의 무당파가 30퍼센트 이상인 것과 큰 차이를 보인다.

더군다나 미국인들은 본인이 생각하는 자신들의 이념과 소득수준보다 정당일체감의 영향을 더 강하게 받는다. 그리고 이것이 대선을 비롯한 미국 정치 전반에 지나칠 정도의 영향을 미친다고 미국 정치학자들은 주장한다. 다시 말해, 많은 미국인들은 자신이 '중도'라고 생각은 하지만 실제 정책에 대한 지지여부나 선거(특히 대선)에서는 과도할 정도로 자신의 정당일체감에 부합하는 방향에 치우쳐 결정을 내리는 경향이 있다. 그 결과, 민주·공화 양당 간의 정책적 간극은 점점 벌어지고 각 정당 내부의 결집력은 강화되는 현상이 심화되어 가고 있는데, 이를 정당의 양극화party polarization라고 부른다.

누구에게 투표하는지에 영향을 미치는 두 번째 중요한 요인은 정책이슈이다. 상당히 많은 수의 미국 유권자들이 구체적인 정책이슈에 관심을 보여왔으며, 이러한 관심은 대통령 선거에서 중요한 영향을 미쳐왔다. 예를 들면, 현직 대통령이 여러 가지 정책을 성공적으로 추진했는가가 재선에 일정 정도 이상의 영향을 미치는 요인이 되어왔으며, 이를 '회고적 투표retrospective voting'라고 부른다. 1984년 레이건 대통령, 1996년 클린턴 대통령, 2012년 오바마 대통령이 모두 경기를 부양시킨 업적을 인정받아 재선에 성공한 사례들이다. 반면, 1980년 카터 대통령과 1992년 부시 대통령은 경제 실적이 부진하여, 2020년 트럼프 대통령은 낮은 국정 지지율을 극복하지 못해서 재선에 실패한 사례들이다.

또한 본인이 대통령이 될 경우 어떻게 하겠다는 약속에 기반하여 대통령에 당선되는 경우도 있는데, 이를 '전망적 투표prospective voting'라고 부른다. 오바마 전 대통령이 2008년 처음 당선될 때 많은 수의 유권자들이 오바마가 약속한 '변화'를 지지했다고 알려져 있다. 2016년도 유사한데, 수많은 미국인들이 '위대한 미국을 재건'하겠다는 트럼프에게 투표했었다.

하지만 정책이슈가 유권자들에게 미치는 영향은 복잡한 양상을 띤다. 최저임금의 수준이나 임신중지의 허용범위 등과 같은 대다수의 정책이슈는 그 성격상 '어느 정도'가 적정한 수준인지에 대해 후보자들 간 찬반이 갈리게 마련이다. 이러한 이슈를 '공간적 이슈spatial issue'라고 부른다. 그런데 실제 선거를 치르는 동안 많은 후보자들은 몇몇 예외를 제외하고 이러한 이슈들에 대해 자신의 견해를 두리뭉실 모호하게 이야기하는 경우가 더 많다. 이에 반해 테러리즘에 대한 대처나 범죄 예방과 같은 정책이슈는 소위 '정답'이 존재해서 후보자들 사이에 차이를 발견하기 힘든데, 이를 '합의쟁점' 또는 '가치쟁점valence issue'이라고 한다.

두 가지 경우 모두 유권자의 입장에서 후보자 간 뚜렷한 차이를 찾기 쉽지 않다. 그래서 대개 유권자 본인의 정당일체감에 기반하여 자신이 지지하는 후보자가 내세운 정책이슈를 과도하게 정당화하고 상대 후보의 정책이슈를 과도하게 폄하하는 경향을 띠게 된다. 더구나 정당 양극화가 극심해지고 정당 지지자들의 양극화도 따라서 심화되면서 최근 선거에서 후보자 간 정책적 입장차이가 점점 커지는 양상이 드러나고 있다.

마지막으로 선거에서 간과할 수 없는 요소는 바로 후보자 개인의 특성과 자질이다. 인종, 종교, 성별, 출신지역, 그리고 사회적 배경 등이 복합적으로 작용하여 후보자의 이미지가 만들어진다. 다양한 인종과 문화를 바탕으로 하는 미국의 유권자들은 그런 이미지가 자신과 가장 가까운 사람을 지지하는 경향이 있다. 2008년 대선에서 흑인들이 같은 흑인인 오바마를 강하게 지지한 사실이나, 공화당이 여성을 부통령 후보로 내세운 사실 등이 이러한 경향을 말해 주고 있다. 물론, 당시 많은 백인들이 오바마를 지지했으며 다수의 여성이 공화당 후보를 지지하지 않았으니, 후보자 개인의 특성이나 자질은 대선에서 매우 제한적인 역할을 한다고 보는 것이 맞을 것이다.

3. 민주당과 공화당을 지지하는 사람들은 누구인가?

민주당과 공화당을 지지하는 사람들을 나누는 가장 쉬운 기준은 역시 이념이다. 한국도 비슷한데, 정부가 경제활동에 적극 개입하는 것을 선호하는 진보적인 사람들이 민주당을 지지하고 그 반대로 보수적인 사람들은 공화당을 지지한다. 1930년 뉴딜정책을 주창한 루스벨트 대통령 이래로 민주당은 꾸준히 연방정부의 권한을 강화시켜 왔다. 이에 대해 공화당에서는 주기적으로 연방정부의 개입과 규제를 반대했으며, 1980년 레이건 대통령 이후 '지방분권devolution'과 '감세tax cut'라는 모토로 보수 이념을 재구성해 왔다.

이를 보다 자세히 살펴보기 위해, 2020년 미국선거조사(ANES)를 기반으로 미국 유권자들이 어느 정당에 '소속감'을 가지고 있는가를 여러 사회·경제적 특성에 따라 분류해 보았다. 〈표 1〉의 가장 오른쪽 열column 에는 민주당에 소속감을 가진 유권자의 비율에서 공화당에 소속감을 가진 유권자의 비율을 뺀 수치가 있는데, 양(+)의 값은 민주당이 음(−)의

〈표1〉 미국 유권자들의 사회경제적 특징과 정당일체감의 관계

	민주당에 소속감	무당파층	공화당에 소속감	민주·공화 차이
소득수준				
최하위 (25%)	44.1%	19.1%	36.8%	7.3
하위 (50%)	46.0%	12.3%	41.7%	4.3
중위 (75%)	46.5%	7.8%	45.8%	0.7
상위 (100%)	51.6%	6.6%	41.9%	9.7
교육수준				
고졸 미만	43.8%	17.2%	39.0%	4.8
고졸	39.0%	15.6%	45.4%	− 6.4
대학 중퇴	41.2%	13.1%	45.7%	− 4.5
대졸	49.7%	9.5%	40.8%	8.9
대학원 졸	59.2%	7.0%	33.8%	25.4
종교				
가톨릭	43.3%	9.9%	46.8%	− 3.5
기독교				
백인	37.7%	7.8%	54.5%	− 16.8
흑인	64.7%	13.7%	21.6%	43.1
종교 없음	63.4%	17.4%	19.2%	44.2
인종				
백인	40.8%	10.1%	49.1%	− 8.3
흑인	81.6%	10.7%	7.8%	73.8
히스패닉	55.9%	16.6%	27.5%	28.4
성별				
여성	51.2%	11.2%	37.6%	13.6
남성	41.2%	12.0%	46.8%	− 5.6

출처: 2020년 미국선거조사(American National Election Study)

값은 공화당이 더 많은 지지를 받음을 의미한다.

소득수준이 최하위 1/4 정도인 저소득층 유권자들은 44퍼센트 정도가 민주당을 지지하고 37퍼센트는 공화당을 지지하고 있다. 하지만 소득수준이 높아질수록 공화당을 지지하는 비율이 증가하는데, 중위 정도의 소득을 가진 유권자들은 45.8퍼센트 정도가 공화당을 지지한다. 소득이 늘면서 공화당 지지가 증가하는 패턴은 19세기 중반부터 1950년대까지 이어졌는데, 1960-70년대 흑인민권운동과 베트남전쟁 반대 등의 영향으로 크게 약화된 적도 있었다. 1980년 레이건 대통령 이후 2010년까지 그 경향이 강화되어 왔으나, 최근에는 최상위 소득수준 유권자들의 정당 지지 경향이 교육수준의 영향과 겹치면서 특이한 패턴을 보여준다.

교육수준의 패턴을 보면, 우선 저학력층이 보수정당을 지지하는 한국과는 달리, 미국의 저학력층은 공화당보다 민주당을 5퍼센트 정도 더 지지하고 있다. 과거에는 그 차이가 20퍼센트포인트 정도까지 큰 적도 있었으나, 최근 트럼프의 영향으로 많이 줄어들었다. 하지만 소득수준의 영향과 마찬가지로, 학력수준이 높아지면서 공화당을 지지하는 비율이 증가한다. 그러다가 고학력층으로 넘어가면 민주당을 지지하는 비율이 크게 증가하는데, 대학원을 졸업한 유권자들은 공화당보다 민주당을 약 2배 가까이 더 지지한다.

과거에 비해 다양한 배경을 가진 사람들이 고등교육을 받게 되면서, 애초에 민주당에 소속감을 가지고 있던 유권자들의 학력이 높아진 것이 첫째 이유이다. 또한 한국의 '강남좌파'와 유사한 의미를 가진 '리무진 진보limousine liberal'나 '라떼 진보latte liberal'라는 표현에서 알 수 있듯이, 많은 고학력 유권자들이 사회·문화적으로 진보적인 대도시에서 성장하며 동성애자 권익, 낙태, 남녀평등 등의 사회적 이슈에서 진보적인 성향을 가지게 된 것도 또 다른 이유이다.

1930년대 민주당 출신 루스벨트 대통령이 추진한 뉴딜정책의 가장 큰 혜택을 입었던 가톨릭 신자들과 유대인들은 전통적인 민주당 지지자였는데 최근 사회·문화적 이슈의 영향으로 공화당 지지자들이 대거 증가했다. 기독교의 경우, 1980년대 초반 많은 보수 개신교 지도자들이 공화당의 주요 정강·정책에 직·간접적으로 관여하였는데, 그 영향으로 현재 개신교를 믿는 백인 유권자의 55퍼센트 정도가 공화당을 지지하며 38퍼센트 정도만이 민주당을 지지하고 있다. 또한 공화당이 기독교적 색채를 많이 띠게 되면서 반사적으로 종교를 믿지 않는 유권자들이 민주당을 압도적으로 지지하게 되기도 했다.

인종이 대선에 미친 영향은 미국 역사를 통틀어 비교적 큰 변화를 겪었다. 노예해방을 내세우며 새로운 정당으로 대통령에 당선되고 남북전쟁까지 승리로 이끈 링컨 대통령은 공화당 출신이었다. 이 때문에 흑인들은 1850년경부터 약 80년 동안 루스벨트 대통령 재임 이전까지 공화당을 압도적으로 지지해 왔다. 반면 많은 백인들, 특히 남부지역의 백인들은 민주당을 강하게 지지했다.

하지만 남부 대농장 지역에 거주하던 흑인들이 산업화의 물결을 타고 서서히 북동부 공업지대로 이주해서 노동자가 되었는데, 1930년대 이래 도시 저소득층을 대변하던 민주당으로 조금씩 당을 갈아탔다. 그러다가 1960년 대대적인 민권운동의 시대를 민주당이 주도하면서, 실질적인 투표권을 처음 얻은 대다수 남부 흑인들까지 민주당 지지로 완전히 돌아섰다. 현재 전체 유권자의 12.1퍼센트를 차지하는 흑인 유권자들의 82퍼센트는 민주당을 지지하는 반면 단지 8퍼센트만이 공화당을 지지하고 있다.

최근 대선에서 특히 히스패닉 유권자들의 향방은 매우 중요하다.

1990년 인구조사에서 미국 전체 인구의 9퍼센트만을 차지했던 히스패닉은 이후 꾸준히 증가하여 2020년 18.7퍼센트를 차지했으며 2060년경에는 29퍼센트에 이를 전망이다. 쿠바 또는 캐리비안 출신이 주를 이뤘던 과거의 히스패닉들은 보수적이었지만, 현재 히스패닉 인구의 2/3를 차지하는 멕시코 출신 이민자들은 민주당을 대거 지지하고 있다. 2016년 공화당에서 추진한 반이민정책의 영향으로 민주당 지지세가 조금 느는 듯 보였으나, 2018년부터 공화당 지지비율이 증가한 이후 최근에는 지역에 따라 30퍼센트가 넘기도 한다.

여성 유권자들 사이에서는 민주당이 14퍼센트포인트 정도의 우위를 보이고 있는 반면, 남성 유권자들은 공화당을 약간 더 지지하고 있다. 대개 직업을 가진 여성이 선호하는 정책을 민주당이 적극적으로 추진하고 있기 때문이라고 알려져 있다. 또한 1980년대 레이건 대통령의 영향으로 공화당에 소속감을 느끼는 유권자가 전반적으로 크게 늘었는데, 이때 강한 미국을 주장하며 방위비를 늘리는 정책을 주로 추진했던 탓에 그 당시 남성들이 더 많이 공화당 지지자가 된 것도 다른 이유이다.

이 외에도 세대나 주거환경도 중요하다고 알려져 있다. 1950년대는 아이젠하워 대통령의 인기로 젊은층이 공화당으로 몰려갔고, 1980년대에는 레이건 대통령 때문에 젊은 유권자들이 공화당에 투표했다. 최근 젊은이들이 민주당을 더 많이 지지하는데, 이는 2008년부터 시작된 경향이다. 또한 저소득층과 소수인종이 모여 사는 대도시는 민주당 지지세가 압도적인 반면, 농촌지역은 공화당 지지가 훨씬 높다. 이에 대도시가 많은 북동부와 서부는 민주당이 우세하고, 농촌이 많은 남부와 대평원 지대는 공화당이 우세하다. 그리고 도시와 농촌이 섞여 있는 중서부는 비교적 박빙이다.

민주당과 공화당을 지지하는 사람들의 상이한 특징[4]

민주당과 공화당을 지지하는 그룹이 다르기 때문에 미국 정당정치에는 특이한 특징이 나타났다. 민주당 지지자들의 주요 기반은 저소득층이거나 소수인종인데, 이들은 생업에 바빠서 실제 투표장에 잘 나오지 않는다. 따라서 이들의 투표율을 높이기 위해서 민주당의 정책이 이들에게 얼마나 중요한지 또는 공화당의 정책이 이들에게 얼마나 불리한지 효과적으로 알리는 데 민주당의 선거운동이 집중되어 왔다. 당연히 이에 대한 공화당의 대응도 있었는데, 구체적인 정책 이야기를 하기보다는 '강한 미국'이나 '미국적 가치'를 강조하며 다소 추상적인 이념에 초점을 두었다.

이러한 이유 때문에 미국인들은 대개 민주당이 경제정책을 더 잘 수행해오고 있다고 믿는다. 일반국민들의 요구와 이해관계를 더 잘 대변하고 있다고 생각하며, 구체적인 개별 정책들에 대해서도 민주당의 주장에 더 많은 지지를 보낸다. 연방정부의 사회보장정책 확대, 최저임금 인상, 의료보험 확대, 실업자에 대한 교육지원 확대, 농업보조금 확대, 연방정부의 교육예산 확대 등이 미국인들 과반수 이상이 지지하는 민주당의 경제정책들이다.

하지만 미국인들은 정부가 쓰는 돈의 규모 자체에 대해서는 거부감이 강하다. 자신이 직접 혜택을 받는 개별 정책은 지지하지만, 정부가 많은 사람들을 지나치게 도와주는 것은 반대하는 것이다. 공화당은 이러한 이유로 '작은 정부'라는 슬로건을 선거에서 꾸준히 이용해 왔으며, 재정적자나 인플레이션이 중요한 경제 이슈로 부각될 경우 선거에서 큰 이익을 봤다.

따라서 구체적인 정책 또는 개별 법안에 대해서는 과반수 미국인들이 민주당의 입장을 지지하지만, 미국적 가치로 표방되는 커다란 이념적 담론에 대해서는 반대로 공화당의 입장을 더 선호한다. 그리고 이러한 차이는 각 정당을 지지하는 사람들이 어떻게 말하고 행동하는지에도 영향을 미친다.

예를 들면, 민주당 지지자들은 민주당이 어떤 계층의 사람들에게 이익을 주는지에 대해서 주로 이야기한다. "공화당은 극소수 부유층의 이익을 대변하지만, 민주당은 흑인과 히스패닉에 직접 도움이 되는 정책, 저소득층에 혜택이 돌아가는 정책을 추진한다"고 말한다. 반면, 공화당 지지자들은 자신들에게 중요하다고 여겨지는 보수적 가치를 중심으로 정치를 이해하려고 한다. "민주당 정책들은 개인의 자유와 선택을 중요시한 건국의 아버지Founding Fathers의 정신에 위배되며, 공화당은 작은 정부를 지향하고 주정부의 입장을 우선시하는 원칙주의자이다"라고 주장한다.

더 읽을 자료

- Nelson W. Polsby, Aaron Wildavsky, Steven E. Schier and David A. Hopkins. 2023. *Presidential Elections: Strategies and Structures of American Politics*. 16th edition. Lanham: Rowman & Littlefield — 미국 대선의 처음부터 끝까지를 학부생 수준에 맞추어 소개한 교과서

- Angus Campbell, Philip E. Converse, Warren E. Miller and Donald E. Stokes. 1960. *The American Voter*. Chicago: University of Chicago Press — 60년도 더 지난 책이지만, 미국 유권자들의 선택에 대한 이론을 통해 현재까지도 유효한 관점을 제공해 주고 있는 고전

---

4 보다 자세한 내용은 Matt Grossmann과 David A. Hopkins의 *Asymmetric Politics: Ideological Republicans and Group Interest Democrats* (2016)을 참조할 수 있다.

2장

대통령 후보와 부통령 후보는 어떻게 정하나?

선거에서 각 정당의 후보를 어떻게 선출하는지는 대의제 민주주의에서 매우 중요하고 어려운 문제이다. 미국 대선에서는 '코커스caucus'라고 불리는 당원회의와 '프라이머리primary'라고 불리는 예비선거를 통해 민주·공화 양당의 대선 후보가 선출된다.

1. 대선 후보, 누가 선출하는가?

미국 건국 초기에는 대통령 후보를 각 정당의 연방 상하원의원들이 선출했다. 이후 1830년경부터 1968년까지는 각 주별로 정당 지도자들의 모임(후일 코커스 제도가 됨)을 열어 '의견'을 모은 후 전국적인 전당대회에서 선출했다. 1901년 플로리다주에서부터 도입된 프라이머리 제도는 불과 몇 개의 주에 국한되어 시행되었고, 심지어 프라이머리 결과가 전당대회에서 구속력을 갖지도 않았다. 정당 지도자들의 영향력이 강화된 것은 당연한 결과였다.

1968년 시카고에서 개최된 민주당 전당대회는 정당 지도자들의 영향력을 여과 없이 보여주었다. 프라이머리가 시행된 그 어떤 주에서도 경선을 치르지 않고 오로지 연방과 각 주 정당 지도자들의 도움에만 의존한 험프리 부통령이 대선 후보로 선출된 것이다. 그해 4월에 민권운동 지도자 마틴 루터 킹이, 5월에는 민주당 대선 후보 로버트 케네디가 암살되는 등, 당시 미국은 민권운동과 베트남전 반전운동으로 혼란과 변혁의 시기였다. 대선 후보 선출과정에서 또 한 번 '좌절'을 맛본 민주당의 일반당원들은 개혁을 과격하게 요구했으며, '맥거번·프레이저McGovern-Fraser 위원회'를 통해 마침내 대선 후보 선출과정의 큰 변화가 일어났다.

가장 중요한 변화는 프라이머리를 통해 일반국민들도 민주당 대선 후보 선출과정에 참여할 수 있게 된 것이다. 코커스를 유지하기로 결정하는 주는 토론과 투표의 전 과정을 투명하게 공개하도록 했으며, 여성과 흑인의 대표성을 크게 높이기도 했다. 또한 대선 후보 선출과 관련된 제도와 규칙을 각 주별 정당조직이 아닌 민주당 전국위원회에서 통합하여 관장하도록 했다. 마지막으로, 당시 대다수의 주의회를 장악하고 있던 민주당이 자신들의 정당개혁을 여러 주에서 법으로 통과시키면서 공화당도 자연스럽게 민주당과 유사한 제도를 가지게 되었다.

대통령 후보를 어떻게 선출하는지, 그리고 그 과정에 누가 참여할 수 있는지는 단순히 과정상의 정당성 문제 이상의 의미도 있다. 정치학의 고전적인 이론 중 하나인 '중위투표자정리median voter theorem'에 따르면, 선거에서 이기기 위해 후보들은 경쟁적으로 중도의 입장을 선택하는 경향이 있다. 한국 대선에서 보수 정당의 후보들이 경제 민주화와 복지 공약을 내세우는 이유이다. 하지만 미국의 경우는 이 모형이 잘 맞지 않는다고 알려져 있는데, 가장 중요한 이유는 각 정당의 대선 후보를 선출하는 코커스와 프라이머리 참가자들이 일반 유권자들과 다른 특성을 가지고 있기 때문이다.

그들은 보통의 미국 시민들에 비해 나이가 많고 교육수준과 소득수준이 높다. 정치에 대한 관심도 일반국민보다 더 높은 편이고 강한 정당소속감party identification을 가지고 있다. 또한 흑인이나 히스패닉과 같은 소수 인종일 가능성이 적다. 따라서 민주당의 코커스나 프라이머리에 참여하는 사람들은 11월 본선거에서 민주당 후보를 지지하는 일반 유권자들에 비해서 이념적으로 보다 더 진보적이다. 반대로 공화당의 경선에서 투표하는 사람들은 일반적인 공화당 지지자보다 훨씬 보수적이다. 더구나 특정한 정책이슈에 대해 뚜렷한 입장을 가지고 있는 '이슈 활동가issue acti-vists'들이 각 정당의 대선 경선과정에 적극적으로 개입해서, 민주·공화 양당의 정책적 간극을 더 벌어지게 만들어 정당 양극화를 심화시키는 데 큰 역할을 한다.

하지만 양당의 대통령 후보들이 이념적·정책적으로 양극화되는 현상이 정당과 정당 지도자들의 입장에서 반드시 바람직한 것만은 아니다. 11월 본선거에서 경쟁력이 떨어지기 때문이다. 그래서 2016년 공화당 정당 지도자들은 경선과정에서 트럼프가 승승장구하자 '중재 전당대회brokered convention'를 통해 전당대회 대의원들의 자유선거까지도 고려했었다.

2. 대선 후보, 언제 선출하는가?

1968년 민주당의 정당개혁 이후 처음 치른 1972년 대선의 경우에는 첫 번째 경선이 3월 초에 있었다. 하지만 불과 4년 후에 치러진 1976년 대선에서 몇몇 주가 1-2월에 경선을 개최하기 시작했다. 주별 경선의 시기는 각자 자신의 주에서 정하는데, 일찍 경선을 할수록 유리하기 때문이다. 대개 최종후보가 결정되기 전이어서 언론의 관심을 집중적으로 받게 되며, 외부인들이 많이 방문하여 본의 아니게 '관광' 수입이 급증하고 선거자금이 대거 유입된다. 더욱이 그 주에서 중요하게 생각하는 정책이슈에 대해 후보자들과 양당 지도부가 각별히 신경을 쓰게 된다.

그래서 1980-90년대를 거치며 더 많은 주가 더 일찍 코커스와 프라이머리를 개최하기 위해 경쟁이 붙었다. 예를 들어, 1976년 대선의 경우 5월에 가장 많은 주(18-20개)에서 경선을 치렀으나 1988년부터 2000년까지는 3월이 대선 경선의 달이 되었다. 그러다가 2008년에는 2월에 가장 많은 주(27-30개)에서 경선을 치렀다.

하지만 경선 시기가 점점 빨라지는 것이 후보와 정당 모두에게 좋은 것만은 아니다. 우선 선거기간이 길어져서 전체적으로 선거비용이 더 많이 든다. 따라서 선거자금이 풍부한 후보가 상대적으로 유리하게 되는데, 이것이 꼭 훌륭한 후보나 본선에서 승리를 가져올 후보에게 이익은 아니다.

더 큰 문제는 일찍 경선을 하는 주들이 미국 전체의 특성을 대변하지 못한다는 데 있다. 코커스를 일찍 하는 아이오와주 그리고 프라이머리를 일찍 하는 뉴햄프셔주는 대개 인구가 적고 백인의 비율이 지나치게 높으며 대도시가 드문 편이다. 물론, 소수인종의 이해를 대변해 보고자

2008년 민주당에서는 네바다(히스패닉 인구가 많음)와 사우스캐롤라이나 (흑인 인구가 많음)의 경선을 일찍 치르도록 했고, 2024년 경선부터 사우스캐롤라이나와 네바다의 순서대로 첫 경선지가 되도록 경선규칙을 변경하였다.

3. 대선 후보 선출방식, 민주당과 공화당의 차이는 있는가?

첫째, 전당대회에 보낼 대의원의 수를 주별로 정할 때 민주·공화 양당이 다른 제도를 가지고 있다. 민주당은 주별 인구에 비례해 대의원 수를 나누어 배정한다. 하지만 공화당은 인구에 비례해 대의원 수를 산정한 후 각 주별로 일정한 수의 대의원을 골고루 나누어 추가로 배정한다. 따라서 민주당에서는 인구가 많은 주의 이익이 더 강하게 반영되는 반면, 공화당에서는 인구가 적은 주의 이익이 상대적으로 더 반영된다.

대개 인구가 많은 주에 대도시가 많고 흑인·히스패닉 등의 소수인종이 많이 거주해서 이념적으로 더 진보적이다. 따라서 원래 진보적인 성향인 민주당에서는 보다 더 진보적인 대선 후보가 선출되기에 유리하다. 반대로 인구가 적은 주는 이념적으로 보수적이어서 공화당의 대선 후보가 더 보수적인 후보로 선출될 가능성이 더 높다. 이러한 차이는 궁극적으로 정당 양극화를 심화시키는 또 다른 요인이 된다.

둘째, 각 주별 코커스와 프라이머리를 통해 얻은 득표를 어떤 방식으로 전당대회에 반영하는지도 두 정당이 다르다. 민주당은 모든 주에서 '비례대표PR: proportional representation' 방식을 의무화했는데, 후보들은 각 주에 배정된 전당대회 대의원 수를 후보별 득표에 비례해서 나누어 가진다. 반면 공화당은 '승자독식winner-take-all'의 방식이 많이 가미되어 있다. 해당 주에서 1위를 한 후보가 그 주에 배정된 대의원 수 모두를 가져가는 것이다. 뉴욕타임스는 이러한 차이를 두고 "버펄로 사냥에 성공한 공화당원은 고기를 혼자서 몽땅 가져가는데, 민주당원은 캠프파이어 앞에서 가족들과 같이 나누어 먹는다"라고 표현했다. 한편으로는 두 정당이 표방하는 분배·재분배 정책의 단면을 보는 듯하다.

2008년 오바마 대통령에게 큰 차이로 패한 공화당은 그 이유 중 하나로 '승자독식'제도 때문에 대선 후보가 너무 빨리 결정되어 '흥행'에 실패한 점을 꼽았다. 이에 2012년에는 4월 전에 경선을 실시하는 주에 비례대표 방식을 의무화하는 실험을 해보았으나, 경선기간만 길어지고 밋 롬니 후보의 본선 득표에는 큰 도움이 되지 않았다.

4. 전당대회, 무엇을 하는가?

대통령 선거가 있는 해의 7월 말 또는 8월 초에는 민주·공화 양당의 전당대회가 열린다. 관례에 따라 야당이 먼저 그리고 여당이 나중에 연다. 전당대회의 가장 중요한 기능은 무엇보다도 대통령 후보를 최종 확정하는 일이다. 미국 건국 초창기에는 연방하원의 의원총회에서 후보를 뽑았다. 새로이 세워진 연방제 국가의 권력을 중앙정부와 지방정부 사이에서 어떻게 나눌 것인가를 두고 연방의회에서 연방파Federalists와 반연방파Anti-Federalists로 갈렸고, 이것이 정당으로 발전했기 때문이다. 이후 여러 번의 대통령 선거를 거치면서 대중민주주의가 발전되었고, 공화당이 창당된 후인 1856년부터는 양당 모두 전국적인 전당대회를 통해 대통령 후보를 선출해 왔다.

물론, 1960-70년대 정당개혁이 있기 이전에는 각 주에 흩어져 있던 지방 정당조직의 지도자들이 전당대회에서 후보 지명에 큰 영향력을 행사했다. 따라서 대개의 경우 후보들 간 합종연횡의 정치를 거쳐 전당대회 당일에 가서야 비로소 누가 양당의 후보가 될지 알 수 있었다. 그러다가 후보 선출과정에서 평당원 및 일반국민의 참여를 확대시키는 일련의 개혁을 거친 이후, 전당대회는 이미 정해진 대통령 후보를 추인하는 기능을 하게끔 변모되었다.

전당대회의 두 번째 주요 기능은 부통령 후보를 정하는 일이다. 헌법에서 정한 미국 부통령의 권한은 연방상원의 의장이 되는 것과 대통령 유고 시 그 직을 승계하는 첫 번째 인물이 되는 것으로 한정되어 있다. 하지만 대통령 선거에서 많은 국민들은 대통령 후보뿐만 아니라 부통령 후보를 같이 보는 경향이 있다. 또한 45명의 역대 대통령 중에서 3분의 1 정도인 14명(특히 최근 10명의 대통령 중에서는 4명)이 부통령을 한 경험이 있다. 5명은 자신이 대통령으로 다시 출마해서 당선된 것이지만, 8명은 대통령이 재임 당시 사망해서, 그리고 1명은 대통령이 자발적으로 사임해서 대통령직을 승계했다.

따라서 양당의 대통령 후보는 자신의 러닝메이트를 고를 때 신중을 기한다. 역사적으로 보았을 때 여러 가지 고려 요소 중 가장 중요시된 것은 출신지역이다. 1960년 민주당에서 동부 출신의 존 F. 케네디가 후보가 되었을 때 부통령 후보로 남부 텍사스 출신 상원의원 린든 존슨을 정한 것이 대표적이다. 이에 공화당은 부통령 후보로 케네디의 고향인 매사추세츠 출신 헨리 로지 상원의원을 지명해 맞불작전까지도 불사했었다. 최근에는 인구가 많은 주나 경합주 출신이 언론에 항상 거론되고,

보다 많은 주에 어필할 수 있는 러닝메이트가 도움이 된다.

또한 정·부통령 후보 조합의 정책·이념 성향도 중요한 요인이다. 2008년 중도적 이념성향을 가진 존 매케인 공화당 후보는 소위 '집토끼'를 붙잡기 위해 상당히 보수적인 사라 페일린 전 알래스카 주지사를 부통령 후보로 지명했다. 1980년에는 강한 보수를 대변하는 로널드 레이건 후보가 이념적으로 중도적이던 조지 H. 부시를 러닝메이트로 골랐으며, 조지 H. 부시가 1988년 대통령 후보가 되었을 때는 보수 정치인 댄 퀘일을 부통령 후보로 정했다.

전세계 어디서나 마찬가지지만 미국에서도 기성 정치인에 대한 싫증과 혐오 때문에 '정치 신인'에 가까운 대통령 후보가 나오는데, 이때 부통령 후보는 '통치경험'이 많은 인물들 중에서 선택된다. 2016년 트럼프는 6선 연방하원의원 출신의 인디애나 주지사 펜스를 러닝메이트로 골랐고, 2008년 오바마는 36년간 연방상원의원을 지낸 바이든을 부통령 후보로 지명했다. 또 2000년 부시는 대통령 비서실장과 국방장관을 역임한 체니를, 1992년 클린턴은 연방하원과 연방상원을 거친 고어를 선택했다.

반대로 대통령 후보가 너무 노쇠한 이미지이면 소위 '젊은피'를 부통령 후보로 고르기도 했다. 2012년 공화당의 폴 라이언 부통령 후보, 2004년 민주당의 존 에드워즈 부통령 후보 모두 당시 대통령 후보이던 밋 롬니와 존 케리의 낡은 이미지를 탈색시키기 위해 '잘 나가는 차세대 지도자' 중에서 선택되었다.

마지막으로 '쇼킹' 전략도 있다. 승리가능성이 높은 정당은 대개 무난한 부통령 후보를 고르지만, 추격자는 전세를 일거에 뒤집을 수 있는 '고위험 고수익' 인물을 내세우기도 했다. 1984년 민주당 먼데일 후보는 열세를 극복하고자 최초의 여성 부통령 후보 페라로를 골랐다. 또 2008년 공화당 매케인 후보도 여성인 페일린을 선택하는 도박을 감행했다.

전당대회의 세 번째 중요한 기능은 대선 선거 전쟁의 시동을 본격적으로 거는 일이다. 양당 모두 경선기간 동안 있었던 당내 후보들 간의 과열 경쟁을 보기 좋게 마무리하고, 대통령 후보를 중심으로 '일치단결' 하는 모습을 국민들 앞에 보여줄 필요가 있다. 역사적으로 보았을 때 민주·공화 양당은 이러한 역할을 아주 성공적으로 달성했으며, 각 정당의 전당대회 직후 대통령 후보의 지지율을 크게 올렸다.

이러한 현상을 '전당대회효과convention bounce'라고 부른다. 1968년 이후 야당에서는 평균 11퍼센트포인트, 여당에서는 평균 10퍼센트포인트 정도의 지지율 상승효과가 있었다.[5] 전당대회를 전후로 하여 대통령 후보들이 언론의 집중 조명을 받으며 일반국민들의 주목을 받게 되기 때문이다. 또한 전당대회를 기점으로 경선에 패배한 후보를 지지했던 유권자들이 마음을 추스르고 자신의 정당 출신 후보를 지지하기로 마음먹으면서 이러한 효과가 지지율에 반영되기 때문이다.

최근 민주·공화 양당의 대선 후보가 점점 더 빨리 결정되는 경향이 있고, 미디어의 발전으로 전당대회 훨씬 이전부터 선거운동이 시작되고 있어서 전당대회 효과가 차츰 줄어드는 추세이다. 지난 10년간의 경우, 민주당과 공화당 모두 전당대회 이후 지지율의 상승이 매우 미미하다.

전당대회의 마지막 기능은 정당의 강령platform을 승인하는 것이다. 선거에서 승리할 경우 어떠한 정책을 추진할 것인지에 대한 민주·공화 양당의 약속이자 선언인데, 대통령 후보를 정하기 이전에 여러 단계의 회

---

5 뉴욕타임스 블로그로 시작해서 선거관련 여론조사 자료를 집대성하고 있는 네이트 실버의 FiveThirtyEight.com 자료에 기반한 것이다.

의를 거쳐 확정된다. 과거에는 당원과 당 지도자들이 토론을 거쳐 당의 향방을 정하는 등 실질적인 기능을 수행했지만, 최근에는 대통령 후보의 공약을 추인하고 이를 효과적으로 홍보하기 위한 방안이 논의되는 형식으로 변화하였다.

전당대회에서의 정치홍보, 어디까지 왔나?

전당대회에서 민주·공화 양당의 지도자와 전략가들이 대통령 후보를 최종 확정하는 일보다 더 중요시 여기는 일이 하나 있다. 바로 대통령 후보에 대한 대국민 홍보를 극대화하기 위한 홍보전략을 수립하는 것이다. TV로 전당대회를 처음으로 보도하기 시작한 1948년 이후 이러한 경향은 꾸준히 확대되었다. 물론, 초창기 TV는 콘텐츠가 부족하던 시절이어서 양당의 전당대회를 처음부터 끝까지 생중계하기도 했다. 하지만 보다 최근에는 많은 채널에서 전당대회를 자신들의 프로그램 속에서 요약 보도하거나 아침과 저녁 뉴스시간에 커버하는 정도에 그쳐, 전당대회가 언론의 보도 특징을 중심으로 재편성되어 왔다.

첫째, 전당대회의 장소와 좌석배치가 대의원들의 편의보다는 TV 중계의 편의를 위해 정해진다. 현장의 대의원들은 직접 전당대회에 참석할 만큼 열성적인 당원들로, 대개 많은 불편함과 어려움이 있더라도 자신의 정당 후보에 대한 지지를 철회할 생각이 거의 없다. 반면 TV 앞에서 전당대회의 중계나 보도를 보는 일반국민들은 그와 반대이기 때문이다.

둘째, 전당대회 장소에 참여한 대의원들의 역할이 '엑스트라'로 바뀌고 있다. 집에서 손으로 만든 것처럼 보이는 팻말들도 사실은 정당에 의해 사전에 기획된 것이며, 심지어 TV로 중계되는 시간에는 군중들의 소리조차도 짜여진 각본에 따르는 경우가 대다수이다. 미리 리허설을 하는 경우도 많으며, 대규모 대의원과 청중들의 입장·퇴장도 준비된 퍼포먼스이다. 공화당 전당대회에서 흑인 청중이 비정상적으로 많아 보이는 것이나, 민주당 전당대회에 퇴역군인들이 지나치게 많이 참석하는 것도 비슷한 이유이다.

셋째, 전당대회에서 행해지는 거의 모든 발언도 미리 정해진 것이다. 대부분의 연설은 사전에 쓰여져서 정당의 전략가들의 검토와 수정을 거친 후, 텔레프롬프터를 통해 읽는 방식으로 전당대회 장에서 전해진다. 따라서 텔레프롬프터를 가장 효과적으로 잘 사용하는 사람들 중에서 연사가 선정되며, 그들의 즉흥적인 연설은 더 이상 전당대회 장에서 볼 수 없게 되었다.

더 읽을 자료

- Eric S. Heberlig, Suzanne M. Leland and David Swindell. 2018. *American Cities and the Politics of Party Conventions*. Albany: SUNY Press. ― 2012년 민주당 전당대회를 개최한 노스캐롤라이나 샬롯시의 경험을 정치학자들이 비교적 쉽게 풀어 쓴 책

- Marty Cohen, David Karol, Hans Noel and John Zaller. 2008. *The Party Decides: Presidential Nominations Before and After Reform*. Chicago: University of Chicago Press ― 복잡해 보이는 미국의 대통령 후보 선출과정을 체계적으로 이해하고 예측할 수 있도록 정당의 대선 후보 지명의 긴 역사를 다룬 책

3장

트럼프의 경선 성공과 샌더스의 경선 실패

최근 몇 년간 미국 정치의 특징 중 하나는 '아웃사이더'의 돌풍이다. 공화당의 트럼프와 민주당의 샌더스가 그 대표적인 예이다. 그런데 결과적으로 트럼프는 공화당 내에서 '성공'한 반면, 샌더스는 민주당 경선과정에서 '실패'했다. 무엇 때문일까? 두 사람의 개인적인 특성을 제외하고 미국의 공화·민주 각 정당의 특성에서 이유를 찾아보자.

1. 민주당과 공화당의 스타일 차이

우선 2차 세계대전 이후 어떤 이념적 입장을 취한 사람이 양 정당의 대선후보가 되었는지를 살펴보자. 공화당의 경우 22.2퍼센트가 평균보다 더 중도 성향을 택했던 반면, 보다 선명한 보수의 색채를 강조한 후보는 33.3퍼센트를 차지했다. 이에 비해 민주당의 경우는 중도 성향이 44.4퍼센트였지만, 진보를 분명히 내세운 후보는 고작 1명(5.6퍼센트)뿐이었다. 대선 경선과정에서 공화당의 우파 분파가 성공할 확률은 나쁘지 않았지만, 민주당의 좌파 분파가 성공할 확률은 매우 낮았던 것이다. 트럼프의 성공과 샌더스의 실패가 예외적인 일이 아니었다.

이러한 차이가 생긴 것은 민주당과 공화당이 근본적으로 다른 성격의 정당이기 때문이다.[6] 흔히들 말하는 진보와 보수의 차이를 넘어서는 '스타일'의 차이가 있다. 또 당원과 지지자들이 중요하게 생각하는 관점이 다르다.

첫째, 공화당은 이념적이고 추상적인 담론을 선호하지만, 민주당은 구체적인 이슈나 정책을 선호한다. 1960년부터 최근까지의 미국선거조사(ANES: American National Election Studies)를 분석해 보면, 공화당 지지자들은 자신을 '정부의 역할'이나 '진보·보수'와 같은 점에서 보수적이라고 규정하는 편인 반면, 민주당 지지자들은 경제·교육·환경·복지·노동과 같은 구체적인 이슈에 있어서 자신을 진보적이라고 말하는 경향이 있다. 또한 자신의 추상적인 정치이념에서 논리적 일관성이 높은 사람의 비율은 민주당 지지자의 경우 평균 10-15퍼센트이지만 공화당 지지자의 경우 평균 35-45퍼센트로 훨씬 더 높은 편이다.

둘째, 선거과정에서도 민주당보다 공화당이 이념을 중요하게 생각한다. 최근 퓨리서치센터의 조사에 따르면, 자신의 정당이 이념적 순수성을 지켜야 한다고 생각하는 비율이 민주당 지지자의 경우 30-35퍼센트이지만 공화당 지지자의 경우 50-60퍼센트로 상당히 높다. 또한 최근 30년

---

6 이러한 견해는 앞서 2장에서도 간단히 다루었으며, Matt Grossmann과 David A. Hopkins의 *Asymmetric Politics: Ideological Republicans and Group Interest Democrats* (2016)을 기반으로 한 것이다.

간 7번의 대선 캠페인에서 사용된 언어를 분석한 결과, 이념과 원칙과 관련된 표현을 공화당 후보가 민주당 후보보다 평균 2.2배 많이 사용했다. 특히 정당의 이념을 보다 잘 실현시킬 후보라는 점을 강조하는 표현은 공화당 후보가 민주당 후보보다 평균 3.7배 많이 사용했다.

셋째, 민주당은 반대로 선거과정에서 소속집단과의 관계를 더 중요하게 생각한다. 미국선거조사에 따르면, 자신이 속한 집단의 이해관계를 중요하게 여기는 사람의 비율이 공화당 지지자의 경우 평균 10-20퍼센트에 불과하지만, 민주당 지지자의 경우 평균 50-60퍼센트로 매우 높다. 또한 지난 30년간 대선 캠페인에서 인종·성별·연령 등을 언급하는 표현을 공화당 후보보다 민주당 후보가 2배 많이 사용했다. 특정 그룹이나 이익단체를 언급하는 표현은 1.6배, 지지자들에게 도움이 되는 개별 정책을 알리는 표현도 1.7배 더 많이 사용했다.

요약하자면, 공화당은 자신들이 정부의 제한적인 역할을 강조하는 보수 이념을 실현하는 정당이라고 생각하지만, 민주당은 자신들이 미국의 다양한 집단과 이해관계를 대변하는 정책 연합이라고 생각한다. 사실 미국의 양대 정당이 자신들을 규정하는 성격이 이와 같이 다른 것은 미국인들의 사고방식을 그대로 반영하는 것이다. 미국선거조사를 통해 일반 국민들에게 정부개입의 적정한 수준에 대해서 물어보면 진보·보수의 견해가 35 대 65 정도로 보수에 훨씬 가깝다. 하지만 거시경제정책은 진보·보수의 견해가 60 대 40, 교육정책은 70 대 30, 환경정책은 75 대 25로 진보에 더 가깝다. 평균의 미국인들은 추상적인 수준에서 보수적이고 구체적인 정책 수준에서 진보적인데, 공화당과 민주당이 각각의 포인트를 공략해왔던 것이다.

트럼프 대통령은 2016년 대선 과정에서 매우 '공화당'스러웠으며, 대통령 재임 시절은 물론이고 2020년 대선과 그 이후에도 그 경향은 지속되었다. 구체적인 이슈와 정책보다는 두리뭉실하고 상징적인 수사를 즐겨 사용한다. 초기에 공화당 주류와 갈등이 없지는 않았지만, 보수라는 이념의 우산 아래에서 상부상조하고 있다.

이에 반해서 샌더스 상원의원은 2016년과 2020년 모두 '민주당'스럽지 못했다. '사회민주주의자'라는 이념적 선명함을 지나치게 내세웠다. 흑인과 히스패닉, 그리고 여성을 타기팅하는 구체적인 정책을 내세우기보다 전국민 의료보험이나 대학 무상교육과 같이 혜택이 너무 멀리 있는 정책에 집중했다.

공화당과 민주당은 그 이름과 내용만 다른 것이 아니라 관점과 스타일에서도 판이하다. 트럼프의 성공과 샌더스의 실패는 그들이 각 정당 속에 얼마나 잘 녹아들어 갔는지에 달려 있었던 듯 보인다.

2. 대선 경선과정을 통해 드러난 미국 정당정치의 특징

민주당과 공화당의 대선 경선은 후보들 간의 치열했던 경쟁이 가장 큰 볼거리이긴 하지만 동시에 미국 정당정치의 특징도 선명히 드러낸다.

1789년 건국 이래 200여 년 동안 미국의 대의제 민주주의는 안정적으로 정착해 왔다. 이를 가능하게 한 가장 큰 요인은 무엇보다도 정당의 발전이다. 사회에 산재해 있는 여러 가지 이익 및 이해관계를 집약하여 이를 국가와 정부에 체계적으로 대변해 왔기 때문이다. 하지만 정당을 통한 민주주의의 실현이 주로 투표와 선거를 통해 이루어지기 때문에, 정당과 정당 지지자 그리고 일반시민들은 추구하는 목표에 따라 서로 갈등을 겪기도 한다.

가장 대표적인 것은 '실용주의자pragmatists'와 '이념주의자purists' 사이의 갈등이다. 실용주의자들은 선거에서의 승리를 가장 최우선시하기 때문에 당선가능성이 높은 후보를 정당의 후보로 선정해야 한다고 주장한다. 반면, 이념주의자들은 정책을 통한 이해관계의 대변을 더 중요시하기 때문에 정당의 정강·정책을 보다 선명하게 드러내는 후보를 선정해야 한다고 생각한다.

2016년 공화당 경선과정에서 트럼프가 당의 주류 정치인 및 지지자들로부터 꾸준한 견제를 받은 가장 큰 이유는 당선가능성이 낮아 보였기 때문이었다. 또한 트럼프가 2020년 대선 패배 이후에도 2024년 출마요구를 끊임없이 받는 것은 당선가능성이 높아 보이기 때문이다.

사실 공화당은 1964년 대선 패배 이후 꾸준히 실용주의 정당으로 발전해 왔다. 공화당 내 보수파의 절대적인 지지 속에 후보가 된 배리 골드워터가 대선 본선에서 민주당의 린든 존슨 당시 대통령에게 큰 표 차이로 패했는데, 인기 없는 '극우파' 대통령 후보 때문에 연방의원 선거와 지방선거까지도 모두 공화당이 참패했다. 이후 공화당 전국위원회가 선거 승리를 위한 형태로 재편성되고, 대규모 선거자금의 모금을 통해 선거 캠페인을 주도했다. 또한 공화당원들이 당선가능성을 후보 선정의 가장 중요한 조건으로 보게 된 역사적인 계기가 되었다.

민주당의 대선 경선도 실용주의와 이념주의 대결이다. 2016년 힐러리 클린턴을 지지하던 민주당원들 대다수는 본선에서의 승리가능성을 의심하지 않았다. 하지만 버니 샌더스 지지자들은 사회민주주의에 기반을 둔 그의 뚜렷한 경제·사회정책에 크게 매료되었다. 2020년 조 바이든의 경선 승리는 공화당 트럼프 대통령을 상대로 이길 수 있는 후보라는 지지자들의 믿음 때문이었다.

둘째, 중앙당과 개별 후보들의 끊임없는 경쟁도 미국 정당정치의 중요한 특징이다. 정당은 파벌에 불과할 뿐이라고 선언한 '건국의 아버지'들의 영향으로 인해 미국에서 중앙당의 역할과 파워는 불과 몇십 년 전까지만 해도 상당히 미약한 수준이었다. 그러다가 70년대 민권운동과 반전운동을 거치면서 민주당이 진보적인 하나의 색채를 띠기 시작했고, 80년대 공화당 레이건 대통령의 경제·안보정책을 통해 공화당도 뚜렷한 보수적 정체성을 확립했다. 이것은 중앙당을 통한 정강·정책의 수립과 중앙당을 중심으로 한 선거의 수행 등, 중앙당의 부활을 의미했다.

한편으로는 중앙당의 역할 강화가 유권자들의 선택을 용이하게 하는 좋은 효과가 있다. 일반적으로 선거에서 정당과 후보자를 선택하기 위해서는 누가 무엇을 주장하고 어떤 이익을 대변하는지 알아야 한다. 일상생활에 쫓기며 살아가는 평범한 시민의 입장에서는 시간과 비용을 치르며 '공부'해야 하는 문제일 수 있다. 그런데 민주·공화 양당이 보다 선명하고 통일된 입장을 취함으로써 유권자들의 수고를 대신해 주게 된 것이다.

그렇다고 해서 한 정당의 후보가 정당의 이념을 무비판적으로 받아들이기만 하는 것은 아니다. 미국과 같이 두 개의 정당만이 존재하는 나라에서는, 정치인들이 그때그때 필요한 정책을 스스로 개발하여 정당의 이념을 적극적으로 만들어 가기도 한다. 사실 미국 국민들이 좋아하는 위대한 대통령들은 이를 성공적으로 완수한 이들이다. 에이브러햄 링컨 대통령은 19세기 중반 노예해방 문제를 통해 공화당의 정당이념을 만들었다. 프랭클린 루스벨트 대통령은 20세기 초반 뉴딜정책으로 민주당이 누구를 대표하는 정당인지를 보여주었다.

이런 관점에서 보면, 많은 주류 공화당 인사들이 트럼프 전 대통령을 향해서 공화당의 정체성과 너무 멀어진다고 비판하는 것은 어디까지나 중앙당 중심의 정당정치에서 보는 견해일 수 있다. 물론, 트럼프가 미국 민주주의를 위해 바람직한 것이냐 하는 것은 전혀 다른 문제일 수 있다. 하지만 2016년 공화당 대선 경선에 참여하여 투표한 당원과 시민들의 선택이 트럼프였고 2020년 대선과 그 이후를 거치면서도 그의 영향력이 줄어들지 않는 사실은 현재 공화당의 기저에 존재하는 '정체성'을 그를 통해서 보고 있는 것일 수도 있다. 이러한 사실은 공화당 활동가들을 상대로 한 조사에서도 극명하게 드러나는데, 상원의원들의 보수성을 평가할 때 활동가들은 일관되게 보수적인 표결을 해온 상원의원들을 보수적이라 평가하지 않은 데 반해, 트럼프를 지지하는 상원의원들을 가장 보수적이라 평가한 것이다.[7]

3. 샌더스를 통해서 본 민주당의 현재와 미래

경제적 불평등의 해소를 내세운 버니 샌더스는 매력적인 슬로건과 유토피아적 개혁정책으로 미국인들의 마음을 사로잡았다. 2016년에는 23개 주에서 승리하고 46퍼센트의 대의원을 확보하면서 힐러리 클린턴 후보를 턱밑까지 추격했고, 2020년에는 슈퍼화요일 전까지만 하더라도 1위를 달리며 승승장구했었다. 1인당 평균 20달러 안팎의 소액기부에 정치

---

7 Daniel J. Hopkins and Hans Noel. 2022. "Trump and the shifting meaning of 'conservative': Using activists' pairwise comparisons to measure politicians' perceived ideologies." *American Political Science Review* 116(3): 1133-1140.

자금의 절반 이상을 의존하고, 풀뿌리 민주주의와 사회운동에 토대를 둔 정책을 공약으로 제시했다. 20세기 초 4선 대통령 프랭클린 루스벨트의 뉴딜정책과 북유럽식 모델을 적절히 혼합했다는 평가도 받았다. 경쟁자였던 바이든은 "단순한 선거 캠페인을 한 것이 아니라 정치적 운동을 만들어냈다"고 치켜세우기까지 했다.

이러한 샌더스 열풍의 가장 큰 원인에 대해서 미국의 많은 정치학자와 언론인들은 1980년대 이후 민주당의 '체질' 변화를 꼽는다.[8] 노동자와 중산층의 정당을 표방하던 민주당은 이제 고학력 전문직 종사자와 소수 인종의 연합체로 변했다. '신민주당원New Democrats'으로 지칭되는 이들은 좌우를 초월한 행보를 보였고 중도를 공략하는 집권 전략을 짰다. 노동조합 중심의 사고에서 벗어나 소위 '신경제'에 부합하는 정책을 지지하기도 했다.

최근 민주당의 가장 성공한 리더를 꼽으라면 빌 클린턴과 버락 오바마일텐데, 이들은 아이비리그를 졸업한 변호사 출신이다. 이들로 대표되는 민주당의 새로운 주류는 사회적으로 높은 지위에 있는 사람들이긴 하지만 그 지위를 재력이 아니라 학력을 통해 획득했다는 점이 특징이다. 또한 전문지식을 '독점'하면서 사회의 문제에 대해 처방을 내릴 자격도 받았다. 훌륭한 인재는 결국 성공하기 마련이라고 생각해서, 실업과 인종 등 많은 사회문제를 교육을 통해 해결하고자 한다. 아메리칸 드림을 이상적인 모습으로 그리는 미국에 꼭 알맞아 보인다.

그런데 이들의 또 다른 특징은 '나는 능력이 있기 때문에 나의 부를 소유할 자격이 있다'고 믿는 것이다. 부의 불평등이 대부분 능력의 차이

---

8 이러한 견해 중 가장 대중적인 저술은 Thomas Frank의 *Listen, Liberal* (2016)이다.

에서 기인한다고 생각하기 때문에 경제정책이나 노동정책에 있어서는 중도적인 입장을 가지게 되고, 결정적인 이해관계가 걸린 경우에는 매우 보수적이기까지 하다. 다만, 시민들의 자유와 성적인 관습의 문제에 대해서는 매우 진보적인 입장을 가진다.

민주당의 이러한 변화는 외연을 확장시키면서 1990년대 이후 큰 성공을 거두었다. 1992년부터 지금까지 단 한 번만 빼고 대선에서 공화당보다 표를 더 많이 얻은 것이 대표적이다. 하지만 경제적 불평등문제에 대해서는 손을 놓다시피 했다. 클린턴 대통령은 1993년 북미자유무역협정을 노동조합의 반대에도 불구하고 밀어붙이고, 1994년 범죄방지법과 1996년 복지개혁법을 통해 결과적으로 저소득층을 더 어렵게 만들었다. 2008년 경제공황 이후 오바마 대통령도 크게 다르지 않았다. 경제의 구조적 변화보다 구제금융을 통한 기업 살리기에 집중했다. 동성결혼을 합법화하는 성과가 있었지만, 오바마케어를 추진하면서 보수의 요구를 지나치게 들어주었다. 그 결과 상위 10퍼센트의 부는 증가했지만 평균의 미국인들은 실질임금의 하락, 의료비의 증가, 그리고 주택과 학자금 대출이라는 빚더미를 떠안았다.

노동자와 중산층을 옹호하던 정당이 심각한 경제적 불평등의 현실을 마주하게 된 것이다. 이에 미국인들은 더 이상 자신의 이익을 대변하지 않는 민주당에게 다시 돌아오라고 요구했다. 오바마 대통령이 소위 '그랜드 바겐grand bargain'을 통해 사회복지혜택을 축소하고 부유층의 세금인상을 포기한 것에 격분하며 대선 레이스에 뛰어든 샌더스가 바로 이러한 목소리를 대변하기 시작했다. 지난 30년 동안 변해도 너무 많이 변해버린 민주당에게 버림받은 울분을 어루만져 줄 대선 후보가 등장했던 것이다.

하지만 샌더스와 그로 대표되는 '민주적 사회주의자Democratic Socialists'는 민주당이라는 큰 우산 아래 모여 있는 다양한 집단과 이해관계를 모두 다 온전히 대변하지 못했다. 특히 흑인 유권자들은 기업에 대한 규제와 부유층 세금 인상과 같은 정책보다 자신들에게 직접적인 혜택이 즉각적으로 주어지는 사회보장정책과 도시정책에 더 관심이 많다. 또 도시 외곽지역에 거주하는 고학력 백인 중심의 민주당원들은 총기규제에 연방정부가 더 적극적이길 기대하는데, 샌더스는 오히려 그 반대였다. '좌클릭'을 통해 그동안 소외된 이들을 끌어안는 데 집중하느라 현재 민주당을 지지하고 있는 다른 집단과 그들의 이해관계를 소외시켜버리는 우를 범했던 것이다.

또한 유토피아적인 개혁정책들이 샌더스 지지자들에게는 '사이다'였지만, 공약을 어떻게 실현하는지를 중요하게 생각하는 전통적인 민주당 지지자들에게는 '뜬구름 잡는 망상'이었다. 타협과 실질적 이익을 원하는 민주당원의 입장에서 샌더스가 가지고 있는 지나친 '원칙주의자' 이미지는 그들의 '스타일'과 맞지 않는 것이었다.

설상가상으로 2016년에 클린턴보다 자신을 더 지지해준 중서부 백인 노동자 계층이 더 이상 그에게 열광하지 않았다. 많은 이들은 공화당 트럼프를 지지했고, 민주당에 남은 이들은 펜실베이니아 출신의 바이든 후보를 더 지지했다. 그 와중에 경선 초반 승기를 확실히 잡지 못하고 부티지지, 클로버사, 그리고 워런 후보에게 빈틈을 보이면서, 민주당 주류 엘리트의 반격도 허용했다. 사우스캐롤라이나 경선의 대승을 통해 컴백한 바이든을 중심으로 중도후보들이 재빠르게 힘을 모았던 것이다. 2016년 공화당 주류 엘리트들이 트럼프의 선전을 너무 느긋하고 안이하게 대처했다가 실패한 사례가 큰 교훈이 되었다.

그렇다고 샌더스의 실패한 도전이 아무런 의미가 없지는 않았다. 가장 중요한 것은 민주당의 정책을 보다 진보적으로 바꾸었다는 점이다. 2016년 클린턴 후보와 2020년 바이든 후보의 공약을 샌더스의 정책 제안과 비교하면 이를 더 명확히 알 수 있다. 기업과 부유층 중심의 슈퍼팩Super-PAC에 의존해 선거운동을 한 2016년 클린턴에 비하면 슈퍼팩에 대한 규제를 공약으로 내세운 바이든의 입장은 샌더스가 없었다면 불가능한 진보라고 평가받는다. 2010년 오바마케어가 통과될 무렵만 하더라고 너무 진보적인 안이어서 거부된 '공적보험' 옵션이 샌더스의 전국민 의료보험 도입 공약 때문에 지금은 민주당의 가장 온건한 안이 되었다. 최저임금을 시간당 15달러로 인상하는 공약도 2020년에는 모든 민주당 후보들이 공통적으로 내세웠다. 샌더스의 '그린뉴딜'은 바이든의 환경정책에 많은 부분 반영되었다. 진보적 이상향과 현실적 타협의 밸런스를 맞추는 일에서 샌더스의 상상력과 이상이 매우 중요한 역할을 담당했던 것이다.

아울러 자원봉사자의 40퍼센트가 처음 선거운동에 참여하는 청년층이었던 샌더스 캠페인은 풀뿌리 민주주의를 경험하는 장이었다. 이들이 미국에서 가장 진보적인 이념을 가지고 있다는 것을 고려하면, 이후 민주당이 환골탈태할 수 있는 큰 자양분이 될 것으로 보인다. 실질적 경쟁이 있는 당내 경선과정을 통해 이상과 실력을 겸비한 정치 신인이 유입되면서 미국 정치의 문화도 바꿀 수 있으리라 많은 이들이 기대하고 있는 이유이다.

더 읽을 자료

- J. D. 밴스 저. 김보람 역. 2017.《힐빌리의 노래》흐름출판 — 저학력 백인들이 민주당을 떠나 트럼프와 공화당에 열광하게 되는 과정을 개인의 성장사를 통해 훌륭히 서술해 낸 책

- 토머스 프랭크 저. 고기탁 역. 2018.《민주당의 착각과 오만》열린책들 — 1990 년대와 2000년대를 거치면서 민주당이 어떻게 질적으로 변했는지 언론인의 시각으로 보여주면서 샌더스의 등장을 예고한 책

4장

대통령 재선 성공의 방정식

2020년 대선은 트럼프 대통령의 재선을 위한 선거였다. 그러나 잘 알다시피 트럼프는 재선에 실패했다. 미국에서 대통령의 재선은 얼마나 어려운 일인가? 역사적으로 보았을 때, 트럼프 대통령에게는 재선에 실패할 수밖에 없는 이유가 있었을까?

1. 대통령은 재선에 성공할 확률이 높다

이론적으로 보면, 현직 대통령은 재선에 매우 유리하다. 첫째, 인지도 면에서 다른 경쟁자들과 비교할 수 없을 정도로 잘 알려져 있다. 둘째, 본인이 직접 국정을 이끌어가면서 선거에 유리한 정책과 이슈를 선점할 수 있다. 셋째, 전쟁과 외교와 같은 큰 대외변수가 있을 때 국민들이 대통령을 중심으로 뭉치는 경향도 있다.

실제로 현직 대통령이 재선에 도전해서 성공한 경우는 미국 역사를 통틀어 69퍼센트 정도이고, 2차 세계대전 이후는 75퍼센트로 매우 높다. 이에 반해 대통령이 재선에 도전하는 것을 포기할 경우, 여당 후보가 선거에서 이길 확률은 낮았다. 전체의 46퍼센트, 그리고 2차 세계대전 이후에는 고작 14퍼센트에 그쳤다. 과거의 사례만 놓고 본다면, 2020년 대선에서 트럼프 대통령이 재선에 도전하지 않았더라면 공화당 후보가 승리할 가능성은 매우 낮았을 것이다. 대통령 지지율이 공화당 지지자들 사이에서조차 매우 높지 않았던 상황임에도 불구하고, 트럼프에 대항하는 공화당 후보가 나오지 않는 이유이기도 하다.

대통령이 재선에 도전해서 성공 그리고 실패한 과거 역사를 살펴보면 성공 요인도 찾을 수 있다. 첫째, 대통령 국정지지도를 살펴보면, 당연하게도 국정지지도가 높을수록 재선에 유리하다. 대선이 있는 해 1월 초의 갤럽 국정지지도를 기준으로 보면, 재선에 성공한 대통령은 평균 54.0퍼센트 정도인데 반해 재선에 실패한 경우는 평균 44.3퍼센트, 재선을 아예 포기한 경우는 평균 31.5퍼센트이었다. 더 중요하게 보아야 할 것은 국정지지도의 추세이다. 국정지지도가 크게 오르락내리락한 경우보다 그렇지 않은 경우가 재선에 훨씬 유리했다. 재임 중 최고 수준과 1월 초를 비교했을 때, 재선에 성공한 대통령은 그 차이가 평균 16.7퍼센트포인트였지만 재선에 실패한 경우는 평균 33.3퍼센트포인트, 재선을 아예 포기한 경우는 평균 53.5퍼센트포인트이었다.

트럼프 대통령의 2020년 1월 초 국정지지도는 44퍼센트 정도이었다. 절대적인 수치로 보면 재선에 유리하지 않았지만, 임기중 최고치에 비교해 2퍼센트 정도만의 차이가 있을 뿐이어서 재선에 불리하다고만 쉽게 넘어갈 것은 아니었던 상황이다.

둘째, 여당의 대선 경선과정에서 대통령에 도전한 경쟁자가 있었던 경우, 현직 대통령이 설령 후보로 지명되더라도 재선에 모두 실패했다. 1976년 공화당 포드 대통령이 재선에 도전했으나, 경선과정에서 압승을 거두지 못했다. 레이건 당시 경선 후보에게 53 대 47로 '간신히' 이겼고, 잘 알다시피 재선에는 실패했다. 1980년 민주당 카터 대통령도 비슷했다. 경선에서 테드 케네디 후보에게 겨우 51 대 38로 이기면서 체면을 구겼고 결과적으로 재선에 실패했다. 1992년 공화당 부시 대통령도 경선에서 팻 뷰캐넌 후보에게 큰 도전을 받은 이후 본선에서 졌다.

2020년 공화당의 대선 경선은 트럼프 대통령의 독주였다. 사실 미국 국민들은 공화당 경선이 있었는지도 잘 모르고 지나쳤다. 공화당 지지자들의 '단결'된 힘을 바탕으로 재선 선거전을 뚫고 갈 만반의 준비가 되었었다고 하겠다.

셋째, 대통령이 재선에 성공하기 위해서는 경제가 좋아야 한다. 특히 경제성장률이 높고, 실업률과 인플레이션이 낮아야 한다. 또한 전국적인 지표로 보이는 경제뿐만 아니라, 국민들이 느끼는 체감경기도 좋아야 한다. 주식시장과 주택시장이 불황이지 않고, 기름값이 안정적으로 유지되어야 한다. 1976년, 1980년, 그리고 1992년 모두 경제가 좋지 않았으며 미국 국민들은 현직 대통령을 심판했다.

2020년 초 미국 경제는 매우 좋았다. 2퍼센트 경제성장률과 2퍼센트 인플레이션을 유지하고 있었고, 실업률은 3.6퍼센트 정도로 지난 몇 십 년간 가장 낮은 수준이었다. 체감경기도 좋아서 소비자지수와 주식시장 지수도 높았으며, 주택담보대출 이자율이 매우 낮아서 주택시장도 호황이었다. 트럼프의 재선을 위한 청신호가 다 켜졌던 상황이었다.

미국 정치학자들은 매번 대선이 시작하기 훨씬 전에 위에서 언급한 지표들을 토대로 대선결과를 예측해 왔다. 여론조사 결과를 전혀 고려하지 않았었는데, 지금까지 예측률이 매우 높았다. 그리고 그 예측은 트럼프 대통령의 재선 성공이었다.

2. 재난과 위기, 그리고 투표율

2020년이 들어섰을 때 거의 모든 면에서 트럼프의 재선은 확실해 보였다. 하지만 2020년 3월 코로나19가 미국에 상륙했다. 모든 일상이 멈췄고, 주식시장은 대폭락을 겪었다. 몇몇 주에서는 대선 경선을 연기하기도 했고, 7월에 위스콘신 밀워키에서 열릴 예정이었던 민주당 전당대회도 온라인으로 열렸다. 선거전이 본격화된 가을에도 코로나는 진정될 기미가 보이지 않았고, 결국 트럼프는 재선에 실패했다.

이론적으로 보았을 때, 코로나19와 같이 부정적 사건은 여당 후보인 트럼프 대통령에게 매우 불리했던 이유가 맞다. 첫째, 기분이 안 좋다거나 불안하다는 지극히 감정적인 이유로 국민들이 집권여당에 분풀이하는 경향이 있다. 둘째, 정부의 대처가 미흡하다는 이유로 대통령 국정지지도가 떨어지면서 트럼프 지지율도 같이 하락했다. 셋째, 부정적인 사건 때문에 경제까지 동반 하락하는 경우, 이에 대한 책임을 현직 대통령에게 묻는다. 넷째, 코로나19로 의료보험 이슈를 보다 많은 유권자들이 중요한 문제로 인식했는데, 의료보험 정책에서 연방정부의 소극적인 역할을 주장해 온 트럼프 대통령에게 불리했다.

다만, 최근 극심해진 정당 양극화를 눈여겨볼 필요가 있다. 민주당, 공화당 할 것 없이 각 정당을 지지하는 국민들은 더 이상 상대 정당을 국정의 파트너로 생각하지 않는다. 내 정당의 입장은 옳은 것이고 상대방은 거짓된 정보와 아집으로 가득찬 '민주주의의 적'이자 '타도'의 대상이다. 정치학자들은 이러한 현상을 '감정적 양극화affective polarization'라고 부르는데, 코로나19를 둘러싼 여론에도 적용된다. 공화당 지지자에 비해 민주당 지지자가 코로나19를 훨씬 더 위협적으로 받아들인다고 알려졌으며, 트럼프 대통령의 대응에 대해 공화당 지지자들은 비교적 긍정적으로 평가했던 반면 민주당 지지자들은 정반대였다. 따라서 코로나19 때문에 트럼프 대통령에 대한 지지를 철회했던 국민들이 생각보다 많지는 않았다.

오히려 민주당에게 불리할 수 있는 여지가 상당했다. 선거운동 초기, 코로나19의 확산을 막기 위해서 10인 이상의 모임이 제한되고 사람들 간의 대면 접촉이 급격히 감소했었다. 선거운동의 활력이 떨어지고 투표율이 낮아질 것이라는 우려가 팽배했다. 특히 민주당의 주요 지지기반인 소수인종과 저소득층의 투표율 변동이 큰 걱정거리였다. 미국의 선거일은 휴일이 아니라서 투표를 하기 위해서는 일부러 시간과 노력을 들여야 하는데, 시간당 임금이 낮거나 노동시간이 유동적이지 않은 흑인과 히스패닉, 그리고 저소득층 유권자들은 실질임금이 줄어드는 것을 상쇄할 만한 강한 인센티브가 있어야 투표에 참여하기 때문이다.

2016년 대선의 교훈도 있었다. 2016년 미국 전체 투표율은 2012년 대비 0.5퍼센트포인트 정도만 떨어졌지만, 흑인은 66.2퍼센트에서 55.9퍼센트로 10.3퍼센트포인트 감소했고 히스패닉은 48.0퍼센트에서 32.5퍼센트로 15.5퍼센트포인트 떨어졌다. 백인의 투표율이 62.2퍼센트에서 64.1퍼센트로 살짝 증가한 것과 대비된다. 특히 0.3퍼센트포인트 표차로 트럼프가 간신히 승리한 미시간주는 흑인 투표율이 10.1퍼센트포인트,

히스패닉은 29.7퍼센트포인트 감소했었다. 트럼프가 1.0퍼센트포인트 차이로 승리한 위스콘신주도 흑인 투표율이 28.6퍼센트포인트나 하락했었다. 펜실베이니아와 플로리다의 상황까지 다 고려한 후, 소수인종의 투표율이 예전과 동일했었다고 가정하고 이들이 평균적으로 민주당 후보를 지지하는 만큼의 표를 추가할 경우 대선의 승자가 바뀐다는 계산도 있다.[9]

민주당이 2020년 대선에서 흑인과 히스패닉 유권자의 지지 향배에 매우 민감했던 이유가 바로 여기에 있었다. 또 미시간, 위스콘신, 펜실베이니아 등 전통적인 경합주, 그리고 플로리다, 애리조나, 조지아 등 새롭게 중요해진 주들에 특별히 더 공을 들였던 이유이기도 하다.

결과적으로 2020년 투표율은 66.8퍼센트로 2016년 60.1퍼센트에 비해 크게 증가했다. 특히 경합주의 투표율 증가가 두드러졌다. 미시간의 8.2퍼센트포인트 증가를 비롯해 전통적 경합주 3곳은 평균 7.3퍼센트포인트 상승해서 미국 전체의 6.7퍼센트포인트 증가보다 높다. 개표 막바지까지 초접전을 이어갔던 애리조나와 조지아도 각각 9.8퍼센트포인트와 8.2퍼센트포인트씩 투표율이 상승했다. 대통령의 재선이 매우 유리했던 구조적인 환경에도 불구하고, 2020년은 코로나 위기와 더불어 민주당의 투표율 높이기 전략으로 인해 트럼프가 재선에 실패했던 것이다.

---

9 Bernard L. Fraga, Sean McElwee, Jesse Rhodes and Brian F. Schaffner. 2017. "Why did Trump win? More whites and fewer blacks actually voted." *Washington Post, Monkey Cage.* (May 8)

3. 2020년 대선 한 달 전, 정치학과 여론조사로 선거결과 예측하기

앞에서 검토한 대통령 재선에 대한 정치학 이론들을 실제 선거에 반영하면 어떻게 될까. 저자는 2020년 10월, 대선 한 달 전 여론조사와 각종 데이터를 통해 11월 선거 결과를 미리 예측해볼 기회가 있었다. 그리고 그 예측의 핵심은 '41퍼센트'라는 숫자로 요약할 수 있다.

"41퍼센트의 지지자만 열광할 것이다." 2020년 9월 29일 열린 제1차 미국 대선 토론에서 말을 끊고 끼어들었던 도널드 트럼프 대통령의 태도를 두고 지지자들이 열광하리라는 친구의 예측에 저자가 한 답이었다. 미시간주에 사는 이 친구는 41퍼센트라는 숫자가 너무 구체적이라 신기하다는 반응이었다. 그러나 41퍼센트라는 숫자는 트럼프 대통령 재임 기간의 여론을 이해하는 데 가장 중요한 수치다.

선거 예측 전문기관인 파이브서티에이트는 트럼프 대통령의 평균 국정지지율이 41.5퍼센트라고 밝혔다. 그러기에 토론 이후 CBS 여론조사에서 '트럼프가 토론에 승리했다'고 응답한 비율이 41퍼센트로 나온 것이 그리 놀랍지 않았다. 결국 트럼프 대통령은 이 41퍼센트의 장벽 때문에 재선에 실패할 가능성이 점점 높아질 것으로 예상했다.

41퍼센트라는 수치의 안정성에 주목해야 한다. 2016년 러시아의 미대선 개입 의혹을 수사한 로버트 뮬러 특검, 탄핵, 인종차별 항의시위, 코로나19까지 다양한 사건이 있었지만, 트럼프 대통령 국정지지율에 큰 변동이 없었다. 미국 갤럽이 조사한 역대 대통령 중 트럼프의 국정지지율 변동폭이 가장 작다. 트럼프 국정지지율의 최대치와 최저치는 14퍼센트포인트 차이에 불과하다. 트럼프 이전에 가장 변동폭이 작은 버락 오바마 전 대통령도 26퍼센트포인트였다. 그 외에 갤럽이 조사한 모든 대통령은 30퍼센트포인트 이상의 지지율 변동을 겪었다. 따라서 트럼프 지지층은 각종 스캔들에도 결집력이 높다고 할 수 있다. 그러나 재임 기간 단 한 번도 지지율이 50퍼센트를 넘은 적이 없다는 점에서 확장성이 없다고도 할 수 있다.

이러한 안정적 추이는 민주당 대선후보 조 바이든과의 여론조사 대결에서도 이어진다. 바이든은 2020년 6월 1일 이래로 최대 9.6퍼센트포인트, 최소 6.6퍼센트포인트 차이로 트럼프에 앞섰었다. 변동폭이 3퍼센트포인트에 불과하다. 역대 변동폭이 가장 작았던 2012년의 4.7퍼센트포인트보다도 작다. 1996년 이래 대부분의 선거 전 150일간 변동폭이 10퍼센트포인트 전후였다. 게다가 바이든은 단 한 번도 여론조사 집계에서 패배하지 않았다. 1968년 이래로 13번 치러진 미국 대선에서 이렇게 한 후보가 꾸준히 여론조사에서 승리한 경우는 1972년, 1984년, 1996년 세 번에 불과하다.

바이든은 왜 여론조사에서 앞서고 있었을까? 트럼프 지지층 41퍼센트가 확장성이 없다는 것 외에도 이유는 많다. 첫째, UCLA 네이션스케이프 여론조사에 따르면, 2016년에 트럼프를 지지했던 유권자의 8-9퍼센트가 2020년 바이든을 지지했다. 이는 2016년에 민주당 힐러리 클린턴 후보를 지지했다가 2020년 트럼프를 지지하는 4-4.5퍼센트보다 2배 많다. 바이든이 부동층에서 강점이 있었다는 근거가 되는 지표다.

둘째, 공화당 지지세가 강한 65세 이상 유권자층에서 바이든이 강세였다. 2016년 트럼프는 노년층에서 8-10퍼센트포인트 차이로 힐러리 클린턴을 앞섰다. 그러나 2020년 상당수 조사에서 바이든의 노년층 지지율이 트럼프를 앞섰다. 바이든의 연령부터 코로나19 확산까지 여러 요소가 트럼프에게 타격을 줬을 것으로 보인다.

셋째, 고학력층에서 '트럼프 심판론'이 확산하고 있었다. 트럼프는 주요 지지층인 대학교육을 받지 않은 유권자에서 우위에 변화가 없었다. 반면 대학교육을 받은 유권자 사이에서 열세는 더욱 커졌다. 퓨리서치센터의 2016년 여론조사에서 트럼프는 대학교육을 받은 유권자들에게 17퍼센트포인트 뒤졌으나, 2020년 조사에서는 27퍼센트포인트 열세를 보였다.

따라서 미국 정치의 양극화와 트럼프 대통령의 리더십이 낳은 여론의 안정성은 트럼프의 재선 실패와 바이든의 당선을 예측하게 했다. 그리고 결과적으로 전국 득표에서 바이든은 트럼프를 700만표 이상, 4.5퍼센트포인트 앞질렀다.

하지만 이변의 가능성을 전혀 배제해둘 수도 없었다. 파이브서티에이트도 2016년 대선에서 트럼프가 승리할 확률을 28퍼센트로 예측했지만, 트럼프가 대역전극을 마련한 전례가 있다. 그리고 파이브서티에이트가 2020년 트럼프의 대선 승리 확률을 19퍼센트로 예측했지만, 트럼프는 재선에 성공할 수도 있었기 때문이다.

첫째, 2020년 여론조사가 2016년과 같이 다시 빗나갈 수 있었다. 사실 2016년 미국 전국 여론조사는 오해와 달리 상당히 정확했다. 당시 전국 여론조사들은 힐러리 클린턴이 전국 득표율에서 3.6퍼센트포인트 차이로 승리한다고 내다봤고, 실제 힐러리는 대선 전국 득표율에서 2.1퍼센트포인트 이겼다. 다만 여론조사 기관들이 경합주 득표율 예측에 실패했을 뿐이다. 이러한 여론조사 오류에 대비해 뉴욕타임스는 2020년 여론조사가 2016년과 같은 정도로 틀렸을 시나리오에 따른 예측치를 발표했다. 물론 보정한 결과도 선거인단 기준, 바이든 280 대 트럼프 258로 바이든이 앞섰다. 그러나 트럼프가 펜실베이니아, 애리조나, 미시간 등 경합주에서 2-3퍼센트포인트만 추격했었다면 선거는 혼전 양상이 될 수도 있었다.

둘째, 유색인종과 젊은 유권자의 투표율이 낮을 수 있었다. 바이든 지지자의 상당수는 후보를 열정적으로 지지하지 않았다. 퓨리서치센터의 조사에 의하면 56퍼센트의 바이든 지지자들은 '트럼프가 아니기 때문'에 그를 지지한다고 답했다. 그래서 2020년 대선 투표율이 높으리라 다들 추정했지만, 약간의 불확실성이 꾸준히 예상되었던 것이다.

마지막으로 결코 간과하면 안 되는 점도 있는데, 선거인단에서는 두 후보가 개표 마지막까지 팽팽한 접전을 벌였다는 것이다. 펜실베이니아, 위스콘신, 애리조나, 조지아 등 경합주에서 격차가 적었기 때문이다. 특히 트럼프가 이러한 경합을 벌일 수 있었던 배경으로 2020년 선거에서 저학력 백인의 투표율을 2016년보다 더 끌어올렸다는 사실을 주목할 필요가 있다. 트럼프는 자신들의 지지자들을 투표장으로 나오게 한 이 힘을 바탕으로 대선 패배 이후로도 계속 공화당에 영향력을 행사하고 있기 때문이다.

더 읽을 자료

- 미국정치연구회. 2013.《어게인 오바마》오름 — 2012년 오바마 대통령의 재선 캠페인을 체계적으로 다룬 책.

- https://fivethirtyeight.com(파이브 써티 에잇 닷컴) — 여론조사를 통한 대선 예측으로 유명한 네이트 실버의 웹사이트

5장

선거자금 이해하기

한국과 미국 선거의 가장 큰 차이점은 선거자금을 둘러싼 정부의 규제와 이에 대응하는 후보자들의 전략에 있다. 한국은 1958년 공직선거법에서 처음으로 선거운동과 선거자금을 규제하기 시작하여 '선거의 혼탁과 과열'을 막는다는 명분하에 '정해진 기간 내에, 정해진 사람만, 정해진 방식으로' 선거를 치르게 법제화해 놓았다.

반면, 미국 선거 및 선거자금법의 핵심은 법으로 금지해 놓은 몇몇 사항들을 제외한 모든 것을 허용하는 데 있다. 설령 규제가 있더라도 제도상의 허점을 이용해서 이를 쉽게 피할 수도 있다. '돈'은 부정한 것이 아니라 정치적 의견을 표시하는 하나의 방법일 뿐이라는 철학을 많은 미국인들이 공유하고 있기 때문이다. 아울러 선거자금에 대해 제한을 두려는 수많은 입법적 시도에 대해서 연방대법원이 꾸준히 위헌이라고 판결해 왔기도 하다.

1. 선거자금제도의 기본 골격

첫째, 한국은 후보자와 정당만이 선거자금을 받을 수 있지만, 미국은 선거자금을 받는 사람 및 단체에 대한 제한이 원칙적으로 없다. 그래서 미국 대선의 경우에는 후보자의 선거자금과 후보자 이외의 단체의 선거자금을 구분해서 보아야 한다. 〈그림 1〉은 이런 선거자금제도를 요약한 것이다.

〈그림 1〉 미국의 선거자금제도 개요

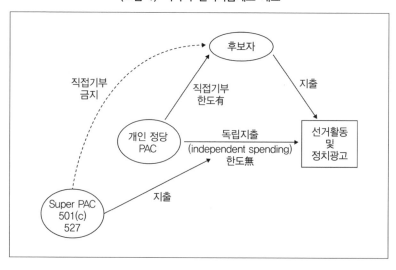

후보자에게 직접 기부되는 선거자금은 흔히 '하드머니hard money'라고 부르며, 연방선거법에 의거해 기부금액의 한도를 정해두는 정도의 규제가 존재한다. 우리나라 사례를 통해 익숙한 통상적 의미의 선거자금이다. 2020년의 경우, 경선과 본선에서 각각 국민 1인당 2800달러(약 336만원)까지 기부가 가능했다. 개인과 단체를 불문하고 누가 기부할 수 있는

지 제한은 없다. 2020년에는 바이든 후보가 1조 원을 훌쩍 넘게 모았고, 트럼프도 1조 원 가까이 모금했다.

물론, 대부분의 선진 민주주의 국가에서 채택하고 있는 '선거공영제'도 형식상으로는 존재한다. 그런데 후보자가 모금한 선거자금 중 기부자 1인당 250달러까지 연방정부에서 매칭(같은 금액만큼 정부에서 추가로 지급해주는 것)하는 특이한 형태이다. 더구나 연방정부의 매칭 자금을 받을지 말지를 후보자가 선택한다. 이 자금을 받으면 지출에 까다로운 제한이 붙기 때문이다. 2000년 부시 당시 공화당 후보가 거절한 이후, 지금까지 양당의 대선후보들은 선거공영제를 통한 선거자금을 받지 않고 있다.

후보자 이외의 단체가 후보자와 상의만 없다면 독자적으로 선거자금을 모금하는 것도 허용된다. '표현의 자유'라는 원칙 때문에 규제도 훨씬 적다. 대개 '정치활동위원회PAC: Political Action Committee'를 만들어서 선거자금을 사용하는데, PAC은 다시 후보자에게 직접 기부할 수도 있고 독자적인 선거운동을 해도 상관없다.

정당도 후보자와 협의하지 않는 조건으로 선거자금을 모금할 수 있다. 이를 '소프트머니soft money'라고 부른다. 최근에는 '빅토리펀드victory fund'를 만들어서 정당에게만 특별히 설정되어 있는 기부한도도 우회하고 있다. 개인과 단체가 정당에 기부하는 돈을 다수의 주 정당조직으로 쪼개서 보낸 다음, 각 주 정당조직이 일정기간 후 자신이 받은 기부금을 한꺼번에 전국 정당조직으로 이체하는 것이다.

둘째, 미국은 선거자금을 사용하는 데 대한 제한도 원칙적으로 없다. 한국은 후보자와 정당이 할 수 있는 선거활동 및 자금사용을 법으로 아주 자세하게 규정하고 있는 데 반해, 미국은 사상과 표현의 자유freedom of speech라는 원칙하에 선거자금 운용이 이루어진다. 즉, 선거자금을 이용해 후보자들이 할 수 있는 선거 캠페인의 종류와 한도가 없으며, 특히 후보자 이외의 단체나 정당은 말 그대로 뭐든지 할 수 있다.

이 중, PAC이나 정당이 후보자와 상의하지 않고 독자적으로 사용하는 자금을 '독립지출independent spending'이라고 한다. 원래는 정책을 홍보하기 위한 광고issue advocacy ads를 위해 사용되기 시작했다. 하지만 현재는 대부분이 네거티브 광고이며, 심지어 유언비어까지도 '이러한 소문이 있더라'는 식으로 유포되고 있다. 더 나아가 특정한 후보자의 당선 또는 낙선을 위한 제반의 활동과 광고까지도 무제한으로 허용된다. 2020년에는 바이든의 당선을 위해 7000억 원, 트럼프의 당선을 위해 4000억 원 정도가 '독립지출'의 형태로 사용되었다.

2. 선거자금 개혁과 편법의 등장

미국 국민들도 '돈이 정치와 권력을 사려고 한다'는 생각을 하지 않는 것은 아니다. 건국 이래 약 200년 가까이 선거자금과 관련하여 느슨한 관리를 해 오던 미국이 처음으로 의미있는 규제를 하기 시작한 것은 1970년대 워터게이트 스캔들 이후이다. 연방선거관리위원회FEC: Federal Election Commission를 도입해서 후보자에게 직접 기부되는 '하드머니'에 제한을 두었다. 이에 1960년부터 1972년까지 3배 이상 증가하던 대통령 선거자금이 1972년부터 2000년까지 완만한 증가세를 보이게 되었다. 또한 기부금 한도 제한으로 소액기부자들의 영향력이 커지게 되었으며, 선거자금에 대한 공공의 관심과 통제도 가능해졌다.

물론, 하드머니에 대한 규제만으로 선거자금을 완벽하게 관리할 수는 없었다. 연방대법원이 1970년대 말 이후 지속적으로 연방정부의 선거자금 규제를 완화시키는 결정을 내려왔기 때문이다. 또한 1990년대 들어서면서 정당과 이익단체들이 후보자와 직접 협의를 하지 않을 경우 무제한으로 사용할 수 있는 '독립지출independent spending'제도 중 특히 '소프트머니soft money'와 '정책홍보광고issue advocacy ads'를 공격적으로 활용하기 시작했다. 대규모의 돈이 매스미디어 시장으로 유입되고 정당과 그 외곽조직의 영향력이 크게 증가했다. 이로 인해 전통적으로 후보자 개인보다는 정당조직에 더 많이 의존하는 선거운동을 해왔던 민주당이 공화당에 비해 상대적으로 더 많은 혜택을 받았다.

이후 선거과정에서 정당에 손을 벌리기보다는 자신이 직접 자금을 조달하여 자유롭게 쓰기를 오랫동안 바랐던 연방 상하원의원들은 2002년 선거자금개혁법BCRA: Bipartisan Campaign Reform Act(발의자의 이름을 따서 McCain-Feingold Act라고도 함)을 통과시켰다. 하드머니의 기부한도를 높여 후보자 본인들이 직접 받을 수 있는 선거자금을 늘렸다. 또 소프트머니와 정책홍보광고에 대해 크게 제한을 두어 정당이나 다른 단체의 '독립'적인 선거자금 운영에 제동을 가했다.

결과적으로 이 법안은 민주당의 자금줄을 크게 줄여서 불과 1년 후 2003년에는 공화당 전국위원회가 민주당 전국위원회보다 약 3배 이상의 선거자금을 모을 수 있게 되었다. 그렇지만 민주당도 가만히 있지는 않았다. 소위 '527'이라고 불리는 단체가 정치적으로 재탄생했다. 이것은 미국 세법 527조에 있는 비과세 단체인데, 특정 후보의 당선이나 낙선을 명시적으로 표시하지 않고 후보와 직접 협의하지만 않는다면 기부금 모금의 한도가 없으며 후보자에게 직접 기부하는 것을 제외한 모든 선거자금 지출에도 제한이 없다. 과거 소프트머니를 통해서 하던 투표자 등록 운동, 투표 독려 운동, 그리고 정책이슈에 대한 광고를 이제 527단체를 통해서 하게 된 것이다. 또한 미국 세법 501조 c항에 있는 단체를 이용하기도 하였는데, 원래 비영리단체로 만들어진 이 501(c)단체는 선거운동이 그 단체의 주된 활동이 아닌 경우 심지어 기부자들의 신상을 비공개로 할 수도 있게 허용되어 있어서 기업들의 선거자금 기부 통로로 활용되고 있다.

이 와중에 공화당 지지 성향의 '시민연합Citizens United'이 제기한 소송에 대해 2010년 연방대법원은 선거자금개혁법의 위헌을 선언했다. 원칙적으로 기업과 노동조합을 포함한 모든 단체는 선거활동과 선거자금 사용에 아무런 제약을 받아서는 안 된다고 명시한 것이다. 심지어 기업이 노동자들에게 특정 후보의 지지를 '제안'하는 행위도 허용되었다.

더욱 큰 변화는 새로이 '슈퍼팩super PAC'의 활동을 허가한 것이다. 기존의 정치활동위원회PAC와 달리 후보자에게 직접 기부할 수는 없지만, 특정 후보의 당선과 낙선을 위한 모든 선거활동과 자금 사용이 무제한으로 가능해졌다. 대개 한 명의 대통령 후보를 당선시킬 목적으로 만들어지며, 후보자와 협의하는 것은 금지되어 있지만 후보자의 전직 보좌진이 대표를 맞는 등 실질적으로 후보의 또 다른 선거운동캠프라고 봐도 무방하다. 더 큰 문제는 슈퍼팩에 기부되는 돈의 절반 이상이 극소수 부자와 대기업의 대규모 기부금이라는 점이다. 최근에는 개인·단체·기업이 501(c)단체에 대규모 기부를 하고 이 단체가 다시 슈퍼팩에 기부를 하는 패턴이 증가하고 있는데, 501(c)단체가 기부자의 정보를 공개하지 않아도 되는 점을 악용하는 것이다.

미국의 선거자금은 정치와 권력을 살 수 있을 정도인가?

한국을 비롯한 대다수의 민주국가와 비교해 보았을 때 미국은 선거자금의 규제가 아주 느슨한 편이다. 그래서 선거에서 돈의 영향력도 막강한 것처럼 보인다. 대개 선거자금을 많이 모으고 많이 쓰는 것이 후보의 경쟁력을 보여주는 척도이다. 최근에는 '보다 일찍, 보다 많이' 선거자금을 모으기 위해 모든 후보자들이 노력하고 있다.

그런데 후보자들이 선거자금에 의존하면 할수록 선거자금을 기부하는 사람이나 단체의 목소리는 더욱 커지게 마련이다. 일반적으로 민주당 후보에게 기부하는 개인 또는 단체들은 일반적인 민주당 지지자들에 비해 더 진보적이라고 알려져 있다. 반대로 공화당 후보의 기부자들은 보통의 공화당 지지자들보다 더 보수적이다. 더구나 이들은 특정한 정책이슈에 대해서 강한 태도를 가지고 있다. 따라서 선거에서 돈의 영향력이 강해질수록 민주·공화 양당의 양극화party polarization 현상은 더 심화될 수밖에 없다.

하지만 돈이 항상 선거에서의 승리를 가져다주지는 못한다. 승리할 가능성이 높거나 능력이 뛰어난 후보에게 일반적으로 선거자금이 몰리기는 하지만 역설적으로 승리를 하기 위해 노력을 많이 해야만 하는 후보가 돈을 더 많이 쓰게 되기 때문이다. 예를 들어, 지난 2016년 공화당 경선과정에서 가장 선거자금을 많이 쓴 후보는 도널드 트럼프가 아니라 후발주자였던 젭 부시였다.

그리고 선거에 쓰이는 돈의 규모가 미국 경제에 비해 그리 크지 않다는 주장도 있다. 예를 들면, 2012년 선거기간에 대통령과 연방 상하원, 그리고 그 외의 지방선거까지 모두 합쳐서 총 70억 달러(약 8조 원)의 선거자금이 사용되었다고 알려져 있다. 이것은 미국이 이라크 전쟁에 쓴 비용의 115분의 1에 불과하며, 2012년 한 해 동안 미국에서 소비된 복권 판매총액의 10분의 1에도 미치지 못하는 금액이다. 정치와 권력을 통해서 얻을 수 있는 혜택에 비해 그리 많지 않은 돈이 쓰여지고 있다는 것이다.

더 읽을 자료

- 낸시 매클린 저. 김승진 역.《벼랑 끝에 선 민주주의: 억만장자 코크는 어떻게 미국을 움직여왔는가?》세종서적 — 돈이 미국의 보수세력과 정치를 어떻게 움직이고 있는지 언론인의 시각으로 매우 상세하게 기술한 책

- https://www.opensecrets.org(오픈 시크릿) — 미국의 정치자금과 선거자금 자료, 그리고 이익단체의 로비 자료를 다양한 카테고리별로 확인할 수 있는 웹사이트

6장

선거 캠페인은 어떻게 하나?

미국의 선거 캠페인은 한국과 비교해 보았을 때 유사한 점도 있지만 차이점이 더 많다. 부패를 막기 위해 광범위한 규제를 하고 있는 한국과 달리 미국은 캠페인의 허용범위가 매우 크고 성격도 판이하기 때문이다.

일반적으로 미국의 선거 캠페인은 불특정 다수를 대상으로 대중매체를 이용하는 '공중전Air war'과 유권자와의 직접적인 접촉을 중심으로 하는 '지상전Ground war'으로 나눌 수 있다.

다만 최근의 경우에는 두 가지 특징이 두드러져 보인다. 첫째, 공중전이 보다 '네거티브 캠페인' 일변도로 변화하고 있다. 둘째, 지상전은 테크놀로지와 결합되어 유권자 개개인의 특성에 맞추는 방식으로 급속히 진화하고 있다.

1. 선거광고의 과학

선거자금의 대부분이 사용되는 텔레비전 광고는 공중전의 핵심이다. 대개 30초짜리 짧은 광고를 여러 차례 반복해서 사용한다. 최근에는 인터넷을 통한 선거광고도 많아졌다. 유튜브에는 주로 2-3분 이상 긴 분량의 광고가 '연관검색' 기능과 함께 사용된다. 또한 페이스북, 트위터, 인스타그램 등의 소셜 미디어도 많이 사용되고 있다. 이메일의 경우에는 주로 열성지지자들에게 선거자금 기부를 요청하는 통로로 이용된다. 무슨 내용을 언제 어떤 매체를 통해서 방영하는지에 대한 규제가 없기 때문에 세심한 홍보전략이 필요하다.

선거광고에는 지난 수십 년간 효과적이라고 알려진 패턴이 있다. 첫째, '평균'적인 유권자가 나와서 후보자의 자질을 지지하는 인터뷰 형식이다. 친근감을 주는 것이 중요하고, 특정 시청자를 공략하기 위해 흑인이나 히스패닉이 등장하기도 한다. 둘째, 후보자의 인생 스토리를 보여주는 드라마 형식이다. 약간 촌스러운 어린시절 모습과 국가를 걱정하는 청년기가 들어가면 금상첨화다. 셋째, 후보자가 직접 얼굴을 보이며 여러 이슈를 진지하게 설명하는 프리젠테이션 형식이다. 중간에 전문가나 언론의 공신력을 이용해 정당성을 높이기도 한다. 넷째, 최근에는 상대 후보의 광고를 일부 인용하면서 이에 대해 답변하는 형식도 많이 쓰인다. 팩트체크하는 경우도 있다.

중장년층 남성이 타깃target일 경우 매주 월요일 저녁 미식축구 중계 사이의 광고시간이 가장 인기이다. 시청자 수는 적더라도 효과가 좋아서 케이블의 기독교방송CBN도 애용된다. 또 뉴스가 방영되는 시간 근처의 광고는 타깃이 고학력 또는 정치관심층이다. 정보를 가득 담고 있는 이슈 광고가 많은 이유이다. 반면, 스포츠나 드라마가 방영되는 시간대의 광고는 후보자의 인성과 자질을 강조하는 경향이 있다.

재선을 노리는 현직 대통령은 자신이 이루어낸 실적을 내세우지만, 도전자는 상대와 자신을 비교하는 데 시간을 더 할애한다. 선거 레이스에서 이기고 있는 후보는 주로 자신의 비전을 강조하고 투표를 독려한다. 반대로 쫓아가고 있는 후보는 상대를 공격하는 네거티브 광고를 주로 사용한다.

물론, 매체의 종류와 사용방법은 다양하지만 요즘은 네거티브 캠페인이 대세이다. 정치심리학의 연구에 따르면, 네거티브 캠페인은 기존의 지지자들에게 자신의 선택에 대한 '확신'을 보다 효과적으로 심어주며, 상대 후보의 당선을 막아야 한다는 심리를 불러일으켜 이들이 투표장에 갈 확률도 높다. 중도 또는 부동층에게는 상대 후보를 약간이라도 더 지지하는 유권자들이 실망해서 투표에 기권하도록 하는 효과가 있다.

1960년대까지 불과 10퍼센트 정도에 그치던 네거티브 캠페인은 최근에 65퍼센트 이상으로 양적인 면에서 크게 증가했다. 특히 민주·공화 양당 모두 전당대회 직후에 '상대 후보는 대통령감이 아니다'라는 메시지를 집중적으로 내보낸다. 주로 두 후보를 지지하는 슈퍼팩(후보와 직접적인 논의를 하지 않는다는 조건으로 모든 종류의 선거운동이 무제한으로 허용된 단체)이 주도하는 점이 특징이다. 또한 선거일에 가까워질수록 네거티브 캠페인이 증가하는 경향도 보인다.

2. 선거광고의 예: 2020년 대선의 경우

트럼프와 바이든 두 후보의 2020년 대선 초창기 선거광고를 살펴보면 두 캠프의 전략이 대비된다. 우선, 트럼프의 재선 캠페인 홈페이지 첫 화면은 대통령 전용 헬리콥터에서 내리는 트럼프에게 의장군인이 경례를 하고 이에 트럼프가 답 경례를 하는 사진이었다. 반면, 바이든 캠페인 홈페이지 첫 화면은 바이든이 다양한 상황에서 일반대중들과 악수하고 대화하는 동영상 클립이었다. 권위와 질서를 강조하는 트럼프와 대중성과 친근함을 내세우는 바이든이 대조적이다. 광고에 사용되었던 슬로건도 트럼프의 "미국을 계속 위대하게Keep America Great!"와 바이든의 "더 낫게 바꾸자Build Back Better!"가 사뭇 비교된다.

2020년 트럼프의 선거광고는 노골적인 상대방 비방이 다수였다. 바이든의 얼굴과 육성을 직접 사용하고 그가 실수하는 모습을 우스꽝스럽게 편집했다. 효과적이지 않다는 평가가 많았는데, 8월 초 캠페인 책임자의 교체 이후 조금 세련된 광고도 선보였다. 흑인운동과 경찰개혁 시위를 다루는 뉴스를 보는 할머니 집에 도둑이 들고 911 전화는 예산이 없어 사용할 수 없다는 메시지를 들려주는데, "바이든의 미국에서 당신은 안전하지 않습니다"라는 문구를 보여준다. 또 다른 광고에서는 흑인 여성이 피켓을 들고 앉아서 바이든은 유약하고 안전에 신경을 안 쓰며 세금을 인상할 것이라고 한 후, "내 아이들의 미래를 바이든에게 맡길 수 없습니다"로 마무리한다. 현직 대통령의 캠페인답지 않게 자신보다 상대방 이야기를 더 많이 하는 것이 특징이었고, 여론조사에서 뒤지고 있는 후보답게 네거티브 광고가 주를 이뤘다.

유권자들이 가장 많이 본 바이든의 선거광고는 고향 친구들이 전하는 바이든 이야기, 바이든이 직접 정책비전을 나열한 연설 형식의 광고, '흑인 스토리가 미국 스토리'이니 선조들을 본받아 미국을 구하자는 광고 등이다. 선거 막바지에는 트럼프의 비방 광고를 캡처해서 이를 해명하는 형식과 자신이 공화당원이라는 일반인이 등장해 이번에는 트럼프가 아니라 바이든을 찍을 것이라고 인터뷰하는 광고도 등장했다. 우편투표 방법 등 투표 독려 광고도 있었는데, 선두주자의 여유로움이 한편 보였다.

3. 캔버싱과 마이크로 타기팅

한국은 후보나 선거운동원의 가정방문이 금지되어 있다. 하지만 미국은 '캔버싱canvassing'이라고 불리는 가정방문이 선거광고 다음으로 널리 이용되는 선거 캠페인 방법이다. 주로 특정 후보를 지지하는 자원봉사자들이 직접 한 집 한 집 방문해서 자신의 후보를 지지할 것으로 보이는 유권자들을 설득해 실제 투표하도록 독려한다. 상대 후보를 지지할 것이 확실시되는 집은 굳이 방문하지 않는데, 반대편을 설득하기는 매우 어려운 반면 지지층을 결집시키는 것은 상대적으로 쉽기 때문이다.

19세기 중반 작은 규모의 연방의원선거나 지방선거에서부터 사용되던 방법인데, 동부 도시지역을 중심으로 정치부패의 주요 창구로 급속히 발전했었다. 19세기 말에 이르러서는 약 20퍼센트 이상의 동부지역 유권자들이 선거기간 중 가정방문을 통해 금품을 제공받았다고 알려져 있다. 20세기 초 혁신주의 개혁과 1960-70년대 정당개혁을 거치면서 이러한 일들이 사라졌고, 이에 따라 가정방문 선거운동의 중요성 자체도 급격히 감소했었다.

그러던 와중에 2004년 대선에서 공화당은 가정방문 선거운동에 빅데이터를 처음으로 접목시켜 보았다. 신용카드 사용내역 등의 소비자 정보를 구입하고 이것을 투표자 등록 정보와 대조해서 공화당 지지 성향의 유권자들을 몇 가지 유형으로 분류했다. 이 데이터베이스는 '보트 볼트 Vote Vault'라고 불리는데, 각 유형별로 어떠한 정책이슈에 반응하는지 또는 어떠한 캠페인 메시지에 우호적인지 찾아내는 것이 목적이다. 그리고 유권자 유형에 맞춰서 그에 적합한 설득 방법을 사용해 투표를 독려했다. 실제로 전체 유권자의 3퍼센트 정도에 해당되는 공화당 지지자들이 처음으로 투표를 했으며, 조지 W 부시 대통령은 그해 재선에 무난하게 성공했다.

이러한 방법을 '마이크로 타기팅microtargeting'이라고 부르는데, 2008-12년 민주당 오바마 선거캠프에서 보다 정교해졌다. 먼저 민주당을 지지하는 유권자 개개인의 성향까지도 모두 데이터베이스화했다. '보트빌더 VoteBuilder' 또는 '캐털리스트Catalist'라고 불리는데, 비슷한 성향을 가지고 있는 자원봉사자들이 가정방문을 할 수 있도록 하는 것이 목적이었다. 인터넷과 위성위치정보를 이용해 자원봉사자들의 이동경로까지도 미리 계획했고, 가정방문의 결과를 자원봉사자들이 다시 데이터베이스에 업데이트하도록 하였다.

가정방문 선거운동에 빅데이터를 접목시킨 방법은 특히 민주당의 최근 가정방문 선거운동 전략을 새롭게 바꾸기도 했다. 과거에는 민주·공화 양당 모두 가정방문 선거운동을 주로 자신의 지지자들과 소통하는 통로로 사용했다. 하지만 콜로라도와 버지니아와 같이 공화당 성향에서 민주당 성향으로 바뀌어 가고 있는 주에서 다양한 방법의 실험을 해봄으로써, 부동층을 공략할 수 있는 전략을 새로이 수립할 수 있게 되었다.

이를 통해 2020년에는 애리조나, 조지아, 텍사스 등 인구유입이 많은 주까지 사용이 크게 확대되었다.

4. 마이크로 타기팅의 예: 2012년 보트빌더[10]

〈그림 2〉의 윗부분은 미국 어느 지구당의 보트빌더 웹사이트이다. 이곳의 유료회원이 되면 자신이 필요한 지역의 유권자 정보를 선택해서 자신만의 리스트를 만들 수 있다. 다양한 형태의 문서로 리스트를 만들 수

〈그림 2〉 2012년 보트빌더(VoteBuilder)의 예시

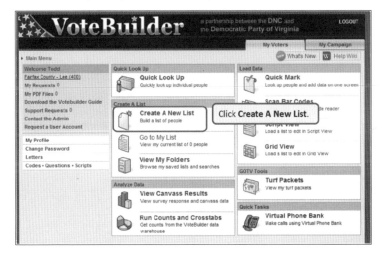

---

10 일반대중에게 공개되어 있는 마이크로 타기팅의 최근 사례는 2012년 민주당 버지니아주 페어팩스 카운티 지구당의 보트빌더이다. 지구당 홈페이지를 통해 재구성해 보았다. 물론, 유료회원으로 가입하면 현재의 버전을 이용할 수 있고, 여기에 보여진 것보다 훨씬 사용자 편이성을 높이고 보다 다양한 정보를 담고 있다.

있으며, 유권자 정보를 본인이 직접 업데이트할 수도 있다. 물론, 다른 사람에 의해 업데이트된 결과도 볼 수 있다.

그림의 아랫부분은 개별 유권자 정보를 보여주는 페이지이다. 이번 선거에 유권자로 등록했는지 여부와 과거의 투표 성향을 감안해 유권자들을 민주·공화 양당의 적극적 지지층, 소극적 지지층, 또는 무당파, 부동층으로 분류해 놓았다. 인종·종교·나이를 포함해 다양한 방식으로 유권자를 분류할 수도 있는데, 이를 기반으로 여러 가지 설득 전략을 짤 수 있다.

〈그림 3〉은 자신만의 리스트를 만든 후, 핸드폰으로 그 정보를 받은 것이다. 주소별, 이름순으로 나열할 수 있는데, 가장 많이 쓰이는 방법은 지도 위에 표시하는 것이다. 필요할 경우, 어떻게 이동하는 것이 최단시간 소요되는지에 대한 정보도 포함되어 있다. 이것은 자원봉사자들에게 요긴하게 쓰인다.

〈그림 3〉 핸드폰에 받은 정보의 예

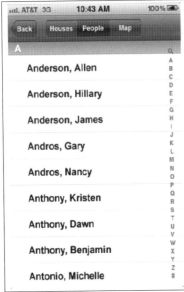

선거 캠페인은 어느 정도 효과가 있는가?

대선 과정에서 미국인들은 선거 캠페인에 대해 매우 큰 관심을 보인다. 후보들과 지지자들은 말할 것도 없거니와 언론의 취재 경쟁도 뜨겁다. 또한 선거 캠페인을 위해서 어마어마한 양의 자금까지 사용된다. 따라서 상식적으로 생각해 보았을 때 선거 캠페인이 선거결과에 미치는 영향이 매우 높아야 할 것이다. 하지만 지난 수십 년간 미국 정치학자들의 연구에 따르면 꼭 그렇지만은 않다.

선거 캠페인이 시작되기도 훨씬 전부터 존재하는 조건들, 예를 들면, 현직 대통령의 지지율, 경제적 여건, 유권자들의 정당일체감 분포 정도 등에 따라서 선거결과를 미리 예측할 수 있으며, 이러한 예측이 과거 수많은 실제 선거결과와 대개 일치한다. 선거 캠페인이 어떠한 방식으로 펼쳐지더라도 미리 짜여진 선거판 자체를 뒤집기는 힘들다는 것이다.

더구나 최근 정치심리학의 연구결과에 따르면, 특정한 정당 또는 후보를 지지하기로 이미 마음먹은 사람들은 자신의 선택을 정당화시킬 수 있는 정보만을 취사선택해서 믿는다. 자신에게 불리한 정보는 무시하는 경향이 있으며, 심지어 거짓 정보나 과장된 정보까지도 자신에게 유리한 것은 큰 의심 없이 믿고 이후 올바른 정보가 주어져도 수정하지 않는다. 가장 대표적인 예가 버락 오바마 대통령이 미국에서 태어나지 않았다고 하는 거짓 루머에 대해 공화당 지지 성향 유권자의 절반 이상이 사실이라고 믿는 것이다. 따라서 미국 유권자들을 선거 캠페인을 통해서 설득하기는 매우 힘든 일이다.

하지만 선거 캠페인이 전혀 무용지물인 것은 아니다. 가장 대표적인 예가 가정방문 선거운동이다. 자신의 후보에게 우호적이지만 투표에 참여할 의향이 낮은 유권자들을 설득해 실제 투표하게끔 하면, 상당한 효과가 있다고 알려져 있다. 2012년 대선의 경우 플로리다주에서 민주당 오바마 선거캠프는 아주 많은 자금과 노력을 들여서 히스패닉 유권자들의 투표를 독려했는데, 이로 인해 오바마가 플로리다에서 근소한 차이로 승리할 수 있었다. 또한 2020년 조지아주의 흑인들도 가정방문 선거운동으로 예정보다 더 많이 투표에 참여했었다.

또한 모든 유권자들은 아니라고 하더라도 특정한 그룹의 시민들은 선거 캠페인의 영향을 많이 받기도 한다. 비록 인구 비중은 적지만 중도 성향의 부동층이 대표적인 예이다. 또한 진보·보수의 이념보다는 자신이 중요하다고 생각하는 세분화된 정책(예를 들면, 이민정책, 동성애자정책 등)에만 반응하는 시민들도 있다. 이들은 아주 제한적이기는 하지만 선거 캠페인을 통해 지지 후보를 바꾸기도 한다.

더 읽을 자료

- 김지윤. 2020. 《선거는 어떻게 대중을 유혹하는가?》 EBS Books — 미국의 선거 캠페인을 한국 독자들이 이해하기 쉽게 설명한 책

- 사샤 아이센버그 저. 이은경 역. 2012. 《빅토리랩: 대중의 심리를 조종하는 선거 캠프의 비밀》 알에이치코리아 — 미국의 오늘날 선거 캠페인이 정치학과 마이크로 타기팅으로 어떻게 변화해 왔는지 2008년과 2012년 선거를 통해 보여주는 책

- 《The War Room》(1993) — "문제는 경제야 바보야It's Economy, Stupid!"로 유명해진 빌 클린턴의 대선 캠페인을 생생하게 따라다니며 보여주는 다큐멘터리 영화

7장

2016년 트럼프 당선과
2020년 바이든 당선에 대한 분석

대다수의 예측을 벗어난 2016년 트럼프의 당선과 아슬아슬 긴장의 끈을 놓기 힘들었던 2020년 바이든의 당선은 둘 다 일종의 드라마였다. 당시의 상황을 이해하는 데 도움이 될 수 있도록 저자들이 당시 한국의 언론에 기고한 내용을 약간의 수정만 하고 옮겨 보았다.

1. 2016년 트럼프 당선[11]

도널드 트럼프는 모두의 예상을 깨고 2016년 미국의 제45대 대통령으로 당선되었다. 240년 역사에서 처음으로 공직이나 군 경력이 없는 대통령이다. 많은 이들이 트럼프 승리에 역사적 의미를 부여했으나, 또 다른

---

11 박홍민. 2016. "미 정책 변화보다 보혁 양극화 더 심해질 것." 《한국일보》(11월 18일)

한편에서는 민주주의의 후퇴를 한탄하기도 했다. 그렇다면 트럼프의 승리는 도대체 어떻게 설명해야 할까?

공화당 트럼프의 승리를 설명하는 많은 견해가 있지만 가장 널리 받아들여지는 견해는 '러스트벨트'의 반란, 그리고 기존 정치에 대한 불신과 변화에 대한 갈망, 두 가지로 요약해 볼 수 있다.

오대호 주변의 중서부 지역은 과거 미국 제조업을 이끌어가던 경제성장의 엔진이었지만, 현재는 몰락한 백인 중산층 노동자들의 분노로 가득 찬 곳이다. 본인들에게 실질적인 도움이 되는 공약보다 자신의 불만을 '솔직히' 말해주고 위로하는 트럼프에 더 열광했고 이것이 투표로 연결되었다는 것이다.

또 꾸준히 약점으로 보이던 정치적 아웃사이더 이미지와 반엘리트적 정서가 오히려 강점으로 작용했다는 평가도 있다. 역설적이게도 트럼프의 슬로건은 2008년 오바마의 것과 유사한 '변화'이며, 퍼스트레이디·상원의원·국무장관을 거친 힐러리 클린턴의 풍부한 경험은 기득권 이미지와 기존 정치에 대한 불신의 표적으로 돌아왔다.

하지만 이 두 가지 견해는 선거 전체의 판도를 모두 설명하는 데 한계가 있다. '러스트벨트'의 경우 트럼프가 아주 간신히 승리한 것이어서 그들의 '열망'을 담았다고 보기에는 한계가 있고, 정당일체감·인종·소득 등 기존의 설명변수가 여전히 유효했다. 따라서 2016년 대선에 지나치게 큰 의미를 부여하는 오류를 범해서 미국 정치와 민주주의의 방향에 대해 잘못된 시사점을 줄 수도 있다.

오히려 트럼프 승리의 일등공신은 뭐니뭐니해도 선거인단제도electoral college라고 불리는 미국의 독특한 대통령 선거제도이다. 트럼프는 미국 전체 득표율에서 힐러리 클린턴에게 졌지만 선거인단 수로는 306 대

232의 대승을 거두었다. 해당 주에서 한 표라도 많이 득표한 후보가 그 주에 할당된 선거인단을 모두 가져가는 승자독식제도 때문인데, 이번 선거에서는 전체 50개 주의 4분의 1 정도인 12개의 경합주를 중심으로 선거운동이 집중되었다.

당연히 이들 경합주에 거주하는 국민들의 이해관계가 미국 전체를 대변하는 것은 아니지만, 트럼프는 이곳의 유권자들 중 자신을 지지할 가능성이 있어 보이는 이들에게만 어필했다. 얼핏 표를 깎아먹기 좋아 보이지만, 인종갈등을 유발하거나 히스패닉에게 비우호적인 발언은 이들 경합주에서 오히려 기존 공화당이 가지고 있지 않던 새로운 지지층을 만들어내기까지 했다. 결과적으로 아주 소수의 사람들만을 설득하는 데 성공했지만, 그 정도만으로도 초박빙의 경합주 여러 곳에서 승리할 수 있었고, 나아가 많은 선거인단을 가져갈 수 있었다. 승자독식의 선거인단제도가 아니었다면 꿈도 꿀 수 없는 선거전략이자 승리의 시나리오이다.

트럼프 승리의 두 번째 요인은 투표율이다. 선거일이 휴일이 아니기 때문에 대통령 선거조차도 투표율이 60퍼센트를 넘기가 힘든데, 선거운동의 관건은 자연히 어느 후보가 더 많은 사람을 투표소로 가게 할 것인가이다. 특히 지금까지의 역사적 경향을 보았을 때 투표율이 낮아지면 민주당에게 불리하기 때문에, 클린턴에게는 아주 중요한 문제였다. 이 점을 감안하고 지난 2012년과 2016년 대선을 비교해 보면 특이한 패턴을 발견할 수 있는데, 펜실베이니아를 제외한 모든 경합주에서 투표율이 낮아지면서 트럼프에게 유리하게 작용했다. 승부의 분수령이 된 노스캐롤라이나는 1.9퍼센트포인트, 미시간은 2.8퍼센트포인트, 그리고 위스콘신은 4.8퍼센트포인트 정도 투표율이 떨어졌다. 투표율이 비슷했거나 올랐다면 승부를 뒤집을 수 있을 정도이다.

여기에 더해서 전통적인 민주당 지지층인 흑인, 히스패닉, 그리고 젊은 유권자들의 투표율이 하락하고 힐러리 클린턴을 향한 결집력도 약화되었다. CNN의 출구조사에 따르면, 흑인들은 2012년 93퍼센트가 오바마를 지지했지만 올해에는 88퍼센트 정도만이 힐러리 클린턴을 지지했다. 히스패닉은 2012년 71퍼센트에서 올해 65퍼센트로 지지율이 떨어졌고, 30세 미만의 젊은이들은 2012년에 비해 7퍼센트포인트 감소한 53퍼센트만이 힐러리 클린턴을 지지했다. 경선이 끝난 후 오랜 기간 동안 손쉬운 낙승을 예상했던 탓인지 민주당이 오히려 '집토끼' 단속에 실패한 것이다.

그렇다면 우여곡절 끝에 당선된 트럼프는 과연 미국에 큰 변화를 가져다 줄 것인가? 결론부터 말하자면, 일정 정도의 변화는 있겠지만 한계가 더 커 보인다. 정책의 측면에서 변화는 작을 것으로 보이고 오히려 민주·공화, 그리고 진보·보수의 차이가 부각되면서 양극화가 한층 더 심화될 것이다.

얼핏 보면 연방상원과 연방하원 모두에서 다수당을 차지한 공화당이 트럼프와 함께 미국을 보수적인 방향으로 쉽게 바꿀 것 같다. 하지만 상원에 존재하는 필리버스터가 관건이다. 단 한 명의 상원의원이 원하더라도 무제한 토론 및 의사진행 방해가 가능한 제도인데, 이를 막기 위해서는 60명 이상 상원의원의 서명이 있어야 한다. 공화당이 다수당이기는 하지만 52석만을 차지하는 데 그쳐서, 48명의 민주당 상원의원들이 필사적으로 저지할 경우 트럼프의 공약이 상원을 쉽게 통과하기는 어려울 것이다.

여기에 공화당 주류 정치인들의 반대와 제동도 있을 것이다. 트럼프의 정책 중 많은 것들이 공화당 입장을 반영한 것이긴 해도, 불법이민자의 일괄적 추방이나 보호무역주의 정책들은 재선을 해야만 하는 공화당

의원들 입장에서 꺼릴 수밖에 없는 이슈이다. 경합주 출신의 상원의원들과 이번 선거에서 근소한 표차로 이긴 하원의원들을 중심으로 저항이 있을 것으로 예상된다.

여기에 가장 중요한 것은 미국 국민들의 여론이다. 아무리 트럼프가 대통령이 되었다고는 하지만 그를 지지한 국민들보다 지지하지 않은 국민들이 더 많았다. 더구나 이들은 트럼프에 대해 성추문 스캔들이 있는 '수준이하' 정치인이라고 생각하는데, 트럼프의 일방적인 행보가 많은 저항을 부를 것임은 자명해 보인다. 오히려 트럼프 지지자와 반대자를 중심으로 감정의 골이 더 커지면서 서로가 서로를 인정하지 않을 정도의 극단적 양극화가 일어날 수 있다.

그럼에도 불구하고 변화가 예상되는 부분도 있다. 가장 대표적인 것은 연방대법관 지명이다. 지난 2월 안토닌 스칼리아 대법관의 사망으로 공석이 된 자리에 오바마 대통령이 에릭 갈랜드 법관을 지명했으나, 공화당이 다수를 차지하고 있던 상원에서 인준을 거부해서 아직까지 공석이다. 현재 8명의 연방대법관 중 보수 성향이 4명이고 진보 성향이 4명이기 때문에, 이번에 트럼프가 보수 성향의 대법관을 지명하고 인준에 성공한다면 입법·행정·사법부 모두 보수적인 성향이 된다.

그 다음으로 가능성이 높은 것은 이민규제정책의 변화이다. 오바마 대통령은 그동안 공화당 의회를 피해서 행정명령으로 불법체류자의 강제추방을 유예해 왔는데, 이 행정명령이 취소될 것으로 보인다. 또 오바마케어에 대한 전면적인 백지화는 어렵더라도 보수적인 방향으로 어느 정도의 수정은 이루어질 전망이다. 선거기간 동안 모든 정책에서 힐러리 클린턴과 차별됨을 강조했지만, 실제 대통령으로서 할 수 있는 일은 매우 제한적일 것이다.

2. 2020년 바이든 당선[12]

2020년 미국 대선은 바이든의 승리로 결론이 났다. 바이든 당선의 원동력은 무엇인가. '분열을 치유'하겠다는 메시지가 주효했는지 바이든 당선자는 격전지에서 우위를 점했다. 바이든은 출마를 선언하며 자신이 쇠락한 공업지대인 러스트벨트의 3개 주요 격전지인 펜실베이니아, 미시간, 위스콘신을 되가져오기에 가장 적합하다고 주장했다.

이 말은 허언이 아니었다. 2016년 대선에서 트럼프와 당시 민주당 대선 후보 힐러리 클린턴 전 국무장관이 10퍼센트포인트 이내 차이를 보인 300개 격전지 카운티에서의 표심은 트럼프가 아닌 바이든에게 평균 1.6퍼센트포인트 옮겨갔다. 이들 카운티의 투표율은 평균 8.1퍼센트포인트 상승할 정도로 참여 열기가 뜨거웠고, 60퍼센트 가까이가 바이든 쪽으로 움직였다. 선거 전 여론조사와 출구조사에서도 중도 유권자들 사이에서 바이든이 30-40퍼센트포인트 앞섰다. 중도에서 강점을 보였기 때문에 그는 격전지 10개 주 가운데 7개 주에서 승리를 거둘 수 있었다.

트럼프는 바이든 당선의 1등 공신이기도 하다. 임기 내내 트럼프 지지층이 전국 50퍼센트 이상 다수를 점한 적이 없었다. 그렇기에 임기 내내 일관되게 부정평가가 긍정평가보다 높았다. 선거 전 마지막 국정지지도 조사에서도 부정평가가 긍정평가보다 6퍼센트포인트 높았다. 1952년 이후 역대 대통령 중에서 부정평가가 더 높은 대통령이 재선에 성공한 적은 단 한 번도 없다. 개표가 진행 중이지만, 전문가들은 바이든이 전국 득표율에서 5퍼센트포인트 앞선 것으로 예측한다. 아무리 미국 대선이

---

12 국승민. 2020. "미국의 분열 드러낸 선거… '통합' 외침, 러스트벨트 움직여." 《경향신문》 (11월 9일)

주별 선거인단을 통해 정해진다 하더라도 전국 5-6퍼센트포인트 차이를 극복하기는 어렵다.

그러나 차분한 복기와는 별개로, 지난 3일 선거일 밤 미국 국민과 세계인은 충격을 받았다. 많은 언론에서 언급해온 '숨은 트럼프 지지자들'이 결집해 2016년처럼 트럼프에게 재선을 안겨줄 듯 보였다. 여론조사에 잡히지 않았던 트럼프 지지자들이 선거 날 드러나면서 뿌리 깊은 분열도 확인됐다. 핵심 지지층에게만 호소하는 트럼프식 전략이 성공한 것처럼 보인 것이다. 공화당 우위 카운티의 투표율이 평균 7.5퍼센트포인트 상승했다. 이러한 상승세는 민주당 우위 카운티의 평균 7.3퍼센트포인트보다 소폭이지만 더 높다. 전통적으로 투표율이 낮았던 백인 저학력 유권자들이 유례없이 투표장으로 향했다. '뉴욕 5번가' 한가운데에서 사람을 총으로 쏴도 지지자를 잃지 않으리라는 그의 농담이 드러낸 자신감은 현실이 됐다.

미완으로 끝난 트럼프 역전극의 또 다른 주인공은 라티노 유권자들로 대표된 유색인종이다. 플로리다와 텍사스 라티노 유권자들이 2016년과 달리 트럼프 지지세로 돌아섰다. 지난 여름 라티노 유권자가 예년과 다르다는 민주당 라티노 활동가들의 경고가 사실로 드러난 것이다. 약 7만 명을 대상으로 한 CES 여론조사에 의하면 라티노 유권자 사이에서 바이든 우위가 24퍼센트포인트에 불과했다. 2012년 버락 오바마의 40퍼센트포인트 우위보다 대폭 줄었다.

트럼프는 흑인과 무슬림 등에게서도 일부 표를 회복했다. 해석은 분분하지만, 트럼프가 인종차별적 언사에 집중했던 2016년과 달리, 경제실적과 '법과 질서'를 강조한 전략이 통했다는 분석이 우세하다. 인종차별 반대시위로 일부 보수적인 유색인종 유권자들이 트럼프 지지로 돌아선 징후도 있다. UCLA 네이션스케이프 전국 여론조사에 따르면, 6월의 인종차별 반대시위 이후 경찰에 호의적인 일부 유색인종 유권자들 사이에서 5-6퍼센트포인트 지지가 올랐다.

양측 지지층이 모두 결집한 사실을 종합하면, 이번 대선에서 미국의 분열이 드러난다. 바이든이 도시와 교외 지역에서 2016년보다 평균 1.5퍼센트포인트 지지세를 추가했다면, 반대로 트럼프는 농촌지역에서 2016년에 비해 평균 1.7퍼센트포인트의 표를 추가했다. 민주당과 공화당이라는, 두 개의 다른 미국의 거리는 더 멀어졌다. 출구조사 결과를 보면 바이든과 트럼프 지지 유권자들이 각종 이슈에서 서로 접점을 찾기는 어렵다. 바이든 지지자들은 코로나19와 인종차별이 가장 중요한 이슈라고 하고, 트럼프 지지자들은 경제가 가장 중요하다고 답했다. 트럼프 지지자의 76퍼센트는 현 미국의 경제 상황이 훌륭하다고 답한 반면, 바이든 지지자의 81퍼센트는 나쁘다고 답한다. 인종차별, 오바마케어, 기후변화, 코로나19까지 모두 똑같은 구도다.

이번 선거의 또 다른 특징은 전국에서 바이든이 5퍼센트포인트를 더 득표하고도 핵심 격전지에서 팽팽하게 접전이 벌어졌다는 점이다. 그리고 이는 공화당의 극단화를 가능하게 한 토양이기도 하다. 공화당은 미국의 선거인단제도 덕분에 전국 득표에서의 열세에도 격전지에서 극복할 가능성이 있었다. 트럼프와 공화당은 소수의 지지만으로도 집권할 가능성이 있기 때문에 중도에 있는 유권자를 덜 필요로 한다. 지리적으로 트럼프 핵심 지지층인 백인 저학력 유권자들의 영향력이 경합주에서 더 큰 것도 한몫한다. 이런 구조를 안고 2010년 이후 공화당은 더 극단화되었고, 전국 단위 선거부터 주 선거까지 성공을 이어가고 있다.

3. 미국 대통령 선거가 미국에 던지는 질문[13]

2020년 11월 대통령 선거는 끝났지만, 바이든이 공식 취임할 때까지 약 두 달 간 혼돈의 시간도 있었다. 선거 직후 트럼프 대통령은 패배를 인정하지 않고, 여러 주에서 우편투표와 개표에 관련한 소송을 즉각 진행했다. 급기야 2021년 1월 6일에는 트럼프를 지지하는 시위대가 연방의회 의사당에 난입하는 초유의 사건이 발생했다. 2020년 대선에서 무슨 일이 있었던 것인가?

2020년 미국 대선의 특징은 크게 두 가지로 정리할 수 있다. 첫째, 감정적 양극화affective polarization의 심화이다. 대개 언론들이 트럼프 대통령과 공화당 지지자들의 '막말'과 '가짜뉴스'에 더 주목했지만, 민주당과 그 지지자들도 크게 다르지 않았다. 대통령이 직접 분노와 증오를 자극하는 것은 분명 문제이다. 그의 지지자들이 보여준 인종차별적이고 비상식적인 언행들도 비난받아 마땅하다. 그렇다고 반대편도 잘한 것이 없다. 상대방을 조롱하고 무시했다. 미셸 오바마는 4년 전 "그들이 천박해지면 우리는 고상하게 가자"라고 말했지만, 2020년 민주당 지지자들은 그리 고상하고 성숙하지 않았다.

두 정당을 지지하는 사람들이 마주 앉아서 바람직한 정책에 관해 토론하는 풍경은 아무도 기대하지 않았다. 하지만 명색이 선거운동인데, 상대방을 설득하거나 지지를 호소하지도 않았다. 자기들끼리만 모여서 자신의 논리와 언어를 공유하고, 확증편향을 심화시키는 뉴스만 소비했다. 2020년 선거에서 민주당의 지배적인 정서는 '어떻게든 트럼프를 심

---

13 박홍민. 2020. "공화당의 민낯, 민주당의 민낯."《한국일보》(11월 9일)

판하자'였고, 이에 공화당 지지자들은 '민주당이 설치는 꼴은 못 보겠다'고 생각했다. 당연히 투표율은 역대 최고였다. 어느 정당을 지지하던 상관없이 상대를 제압하기 위해 무조건 투표장에 나갔다.

둘째, 민주당과 공화당 모두 지지층에 미세하게 변화가 있어 보인다. 2012년, 2016년, 그리고 2020년까지 CNN의 출구조사를 비교하니, 민주당의 소수인종 기반이 약화되고 있는 점이 눈에 띈다. 2016년에는 힐러리 클린턴의 '비호감' 탓을 했는데, 2020년 선거에서도 흑인과 히스패닉의 민주당 지지가 감소했다. 오바마 대통령은 흑인 유권자의 95퍼센트가 지지했었고 힐러리 클린턴은 89퍼센트가 지지했었는데, 2020년에는 87퍼센트로 살짝 더 내려갔다. 중서부 지역과 고학력층 흑인들이 요인이었다. 플로리다의 히스패닉 유권자들이 트럼프를 예상보다 많이 지지했다는 뉴스도 있었는데, 히스패닉 중 남성과 노년층이 4-6퍼센트포인트 정도 민주당을 등졌다.

반면 공화당은 전반적으로 고르게 지지층이 늘었다. 단순히 저학력 백인에만 기댄 것이 아니었다. 특히 결혼한 여성과 중서부 지역 고소득층의 지지율 증가가 주목할 만하다. 또 코로나에 대한 대처 미흡 때문에 백인 노년층이 공화당에서 민주당으로 넘어갈 것이라 많이들 예측했는데, 뚜렷한 증거를 찾을 수 없었다.

그런데 여기서 고민해 보아야 할 문제가 있다. 미국 전체 국민의 40퍼센트, 그리고 투표를 한 유권자의 절반 가까이가 트럼프를 선택했는데, 이것은 도대체 무엇을 뜻하나? 혹 트럼프가 대표하는 무언가가 존재하고, 그것이 미국의 장래에 주는 의미가 있지는 않을까? 미국 사회의 보수화라고 단순화시킬 문제일까? 경제적 불평등이 극심한 사회가 치유할 수 없는 단계로 넘어가게 되기 전 보이는 예후인가?

더 중요한 것은 이것을 정부와 정책으로 대표해야 하는 정당들이 앞으로 어떻게 해야 하는가이다. 우선 공화당 쪽을 보면, 지난 수십 년간 사회가 급격히 다양해지면서 자신들의 영향력이 약해질 수밖에 없을 것이라는 전망 속에 이를 법과 제도를 이용해 늦추고 있는 듯 보인다. 자신을 지지해 주지 않을 유권자들이 최대한 투표하지 못하도록 제도를 바꾸고, 선거구를 교묘하게 만들어서 자신들이 최대한 많이 당선되도록 만들었으며, 법원에 보수적인 판사들이 최대한 많이 들어갈 수 있도록 의도적으로 애썼다. 이렇게 하면, 공화당은 계속 살아남을 수 있는 것인가?

민주당도 마찬가지이다. 소수인종과 소수자, 그리고 고학력층 전문직 종사자들의 선거연합이 얼마나 더 지속 가능할지 미지수다. 다양한 이해관계를 넓게 대변할 수 있다고 주장하면서, 정작 선거에 도움이 되는 정책들만 대표해 왔던 것이 사실이다. 사회인구통계학적 특성이 자신들에게 유리하게 바뀔 날이 얼마 남지 않았다고 안주했다. 새로운 민주당의 상이 필요한 때가 아닌가?

2020년 대선은 현재의 미국을 이해하고 앞으로의 미국을 생각하게 하는 중요한 이벤트였다.

더 읽을 자료

- 미국정치연구회 편. 2017. 《트럼프는 어떻게 미국 대선의 승리자가 되었나》 오름 — 2016년 미국 대선과 트럼프의 부상을 다각도로 다룬 책
- 미국정치연구회 편. 2022. 《트럼프의 퇴장?》 박영사 — 2020년 미국 대선과 바이든 행정부에 대한 전망을 다룬 책

8장

연방의회 선거의 역사적 패턴

한국은 대통령 선거와 국회의원 선거를 각각 따로 치르지만, 미국은 조금 다르다. 대통령 임기가 4년이기 때문에 4년마다 대선이 있는데, 같은 날 임기 2년의 연방하원의원 전원과 임기 6년의 연방상원의원 1/3을 뽑는 선거도 같이 이루어진다. 또, 대선 사이의 중간에 연방하원의원 전원과 연방상원의원 1/3을 뽑기 위한 선거를 한 번 더 하고, 이를 중간선거라고 부른다. 예를 들어 2016년은 대선, 2018년은 중간선거, 2020년은 대선, 그리고 2022년은 중간선거이다. 2년마다 연방정부를 위한 선거가 있는 셈이다.

대통령 선거와 연방의회 선거가 같이 있는 경우와 연방의회 선거만 있는 경우는 그 동학이 상이하다. 대통령이 미치는 영향이 정반대이기 때문이다. 미국 선거를 연구하는 학자들은 이러한 현상을 '부침surge-and decline이론'이라고 명명했다.

1. 코트테일 효과

연방의회 선거가 대통령 선거와 같이 치러지면 '코트테일 효과coat-tail ef-
fect'라고 불리는 현상이 관찰된다. 이것은 겨울에 입는 긴 코트의 뒤편
옷자락에 빗댄 표현인데, 투표용지의 가장 위에 위치한 대통령 후보와
그 밑에 위치한 같은 정당 소속 상하원의원 후보들이 운명을 같이함을 뜻
한다. 따라서 선거에서 승리한 대통령이 속한 정당이 연방의회 선거에서
의석수를 늘리는 경향이 있다. 앞서 언급한 부침이론의 '부浮, surge'이다.

〈표 2〉에는 수정헌법 17조에 따라 1914년 처음으로 국민들이 직접 연
방상원의원을 뽑기 시작한 이후 선거별 대통령 소속 정당의 상하원 의
석 증감수를 보여준다. 평균적으로 상원의 2.4석 정도를 대통령 정당이
더 가져갔는데 이는 재선이 치러지는 33-34개 의석 중 7.2퍼센트 정도이
다. 하원의 경우도 같은 시기에 평균적으로 15.1석(전체 의석의 3.5퍼센
트) 정도를 대통령 정당이 추가로 획득했다.

〈표 2〉 선거별 대통령 소속 정당의 상하원 의석수 증감

대통령 선거				중간선거			
연도	승리 정당	상원	하원	연도	대통령 정당	상원	하원
2020	민주	+3	-13	2018	공화	-2	-42
2016	공화	-2	-6	2014	민주	-9	-13
2012	민주	+2	+8	2010	민주	-6	-64
2008	민주	+8	+21	2006	공화	-6	-32
2004	공화	+4	+2	2002	공화	+1	+8
2000	공화	-5	-2	1998	민주	0	+4

〈표 2〉 선거별 대통령 소속 정당의 상하원 의석수 증감 (계속)

대통령 선거				중간선거			
연도	승리 정당	상원	하원	연도	대통령 정당	상원	하원
1996	민주	−3	+3	1994	민주	−9	−54
1992	민주	+1	−9	1990	공화	−1	−8
1988	공화	0	−2	1986	공화	−8	−5
1984	공화	−1	+16	1982	공화	+1	−26
1980	공화	+12	+34	1978	민주	−3	−15
1976	민주	0	+1	1974	공화	−5	−74
1972	공화	−2	+12	1970	공화	+2	−12
1968	공화	+6	+5	1966	민주	−4	−37
1964	민주	+1	+37	1962	민주	+3	−4
1960	민주	0	−21	1958	공화	−13	−48
1956	공화	0	−2	1954	공화	−1	−18
1952	공화	+1	+22	1950	민주	−6	−29
1948	민주	+9	+75	1946	민주	−12	−55
1944	민주	0	+21	1942	민주	−9	−45
1940	민주	−3	+5	1938	민주	−6	−71
1936	민주	+6	+11	1934	민주	+10	+9
1932	민주	+12	+96	1930	공화	−8	−50
1928	공화	+6	+30	1926	공화	−6	−10
1924	공화	+3	+22	1922	공화	−8	−75
1920	공화	+11	+63	1918	민주	−6	−19
1916	민주	−3	−21	1914	민주	+5	−59
증가/동일/감소	15 / 5 / 7	19 / 0 / 8		증가/동일/감소	6 / 1 / 20	3 / 0 / 24	
평균 증감	+2.44	+15.11		평균 증감	−3.93	−31.26	

출처: 미국 상하원 공식 홈페이지(www.senate.gov, www.house.gov)

코트테일 효과의 근원에 대해서는 대개 '정당일체감party identification'의 영향을 지목한다. 대개 미국인들의 2/3 이상, 더 중요하게는 실제 투표 장에 가는 유권자들의 85퍼센트 이상이 부지불식간에 평소 자신이 소속 감을 느끼는 정당을 가지고 있다고 알려져 있다. 일반적으로 부모님을 보면서 소속감을 습득하고, 한 번 형성하면 여러 번의 선거를 거치면서 도 바꾸지 않는다고 한다. 종교적 신념과 유사한 심리적 유대감 또는 일 체감이기 때문에, 자신의 정당에 대해 거의 무조건적인 지지를 보낸다. 일상생활로 바쁜 유권자들은 연방의회 선거까지 신경을 쓰고 정보를 습 득할 여력이 없기 때문에, 상대적으로 더 잘 알고 있는 대통령에 대한 호불호와 정당에 대한 소속감에 기반해 상하원의원을 선택하는 것이다.

결과적으로는 대통령의 도움으로 당선된 상하원의원들이 이후 대통 령의 정책에 강한 지지를 보태며 '책임감 있는 정당정치responsible party government'를 구현하는 긍정적인 효과가 있다. 반면 혼탁한 대선과 이미지 정치의 확산으로 전국 정치national politics가 각 주의 다양성을 덮어버리는 경향도 있다. 또 돈과 미디어를 기반으로 인물 중심의 선거운동이 늘어 나 정책을 둘러싼 토론이 뒤편으로 밀려나는 부작용도 있다.

특히나 코트테일 효과는 2차 세계대전 이후 1980년대까지 지속적으로 감소해 왔다가 1990년대 이후 다시 증가하기 시작했다. 최근 강화되고 있는 정당 양극화party polarization로 인해, '분할투표split-ticket voting(한 유권자 가 여러 명의 공직 후보로 각기 다른 정당 출신을 뽑는 것을 의미함)'가 줄 어들고 자신의 소속 정당에 대한 충성도가 높아진 탓으로 알려져 있다.

2. 중간선거 손실

중간선거 손실midterm loss은 코트테일 효과의 정반대의 현상이다. 앞서 언급한 부침이론의 '침沈, decline'에 해당된다. 현직 대통령이 속한 정당의 후보들은 대통령이 선거에 나서지 않는 중간선거에서 손해를 본다. 따라서 중간선거에서 대통령 정당은 의석수가 줄어드는 경향이 있다. 상원의 경우 1916년 이후 현재까지 평균적으로 4석 정도 감소했는데, 이는 재선 대상이 되는 의석의 12퍼센트 정도이다. 하원의 경우도 같은 시기에 대통령 정당의 의석이 평균적으로 31석 넘게 크게 줄어들었다.

코트테일 효과의 원인으로 지목되는 정당일체감의 영향이 여기에서도 적용된다. 대통령의 인기를 대통령 소속 정당의 모든 후보들이 공유하는 것이다. 그런데 더 주목할 것은 중간선거의 경우 대통령의 인기가 불리하게 작용한다는 점이다.

첫째, 대통령 지지율의 장기적 하락 경향 때문이다. 2001년 9·11 테러 이후와 같이 특이한 경우를 제외하고, 대통령이 일을 잘한다고 생각하는 국민은 대개 시간이 지나면서 줄어든다. 이에 대통령에게 실망한 유권자들이 중간선거에서 대통령 소속 정당을 심판하는 것이다. 또 대통령과 대통령 소속 정당을 지지하며 지난 대선에서 투표에 참여한 유권자 중 상당수가 중간선거에서 아예 기권을 하기도 한다.

둘째, 경제 상황에 대한 반응이다. 일반적으로 경제가 호황일 때는 대통령 소속 정당이 유리하고 불황일 때는 그 정반대이다. 그런데 호황과 불황의 기준이 사람마다 달라서 현 대통령을 지지할수록 경제 성적을 실제보다 더 후하게 매기고 현 대통령을 지지하지 않을수록 경제에 더 많은 불만을 가지는 경향이 있다. 역사적으로 봤을 때, 전자보다 후자가 중간선거에 더 적극적으로 참여하여 대통령 소속 정당에게 벌을 주려고 한다고 알려져 있다.

셋째, 현역의원들과 경쟁력 있는 신인들의 전략적 선택이다. 거시적인 정치·경제 상황이 대통령 소속 정당에 유리하지 않은 경우, 더 많은 현역의원이 은퇴를 결심하게 되고 경쟁력 있는 신인들은 출마를 뒤로 미루게 된다. 예를 들어, 1994년 중간선거의 경우, 클린턴 대통령의 민주당에서 총 25명의 연방의원이 자발적인 은퇴를 했는데, 공화당에서는 고작 9명만이 은퇴를 했다. 또 그 선거에서 민주당 정치 신인들은 공화당 정치 신인들보다 60퍼센트 정도 적게 정치자금을 모금하여 사용했었다.

보다 구체적으로 2018년 중간선거를 살펴보자. 갤럽의 2018년 8월 말 조사에서 공화당 트럼프 대통령의 지지율은 41퍼센트였는데, 취임 초기에 비해 현저하게 떨어진 것이며 비슷한 시기의 다른 대통령들보다도 낮은 편이다. 경제 여건은 트럼프 대통령 취임 초기나 비슷한 시기 역대 대통령의 경우와 비교해 약간 좋은 편으로, 2018년 2사분기 GDP가 4.1퍼센트 정도 증가했다. 마지막으로, 다른 선거에 출마하는 경우를 제외하고 순수하게 은퇴한 연방 상하원의원은 공화당이 26명으로 민주당 8명의 3배가 넘었다. 개별 지역구나 후보자를 고려하지 않고 거시적인 전국 지표로만 봐도 공화당에 매우 불리한 구도였고, 실제로 공화당의 의석수는 상하원 모두에서 감소했다.

3. 19세기 미국에서의 코트테일 효과

1914년 이후 현재까지의 코트테일 효과도 적지 않은 수준이지만, 19세기 선거에서는 그 효과가 훨씬 더 컸다. 21세기를 살아가는 우리는 도저히 믿을 수 없겠지만, 그 당시 미국의 선거는 비밀선거가 아니었기 때문이다.

건국 초반 미국에서는 투표를 할 때 종이를 사용하지 않고 그냥 말로 했다. 그러다 점차 정당이나 후보자가 직접 투표용지를 인쇄해서 유권자들에게 제공하기 시작했다. 그러나 정당별로 용지의 모양과 색깔이 달랐으며, 한 정당의 용지에는 그 정당의 후보들에 대한 정보만 있었다. 더구나 투표를 하려면 그것을 들고 투표소 내 각 정당의 테이블로 가서 직접 제출해야 했었다.

선거를 관리하는 정부기관이 투표용지를 인쇄하고 공급하지도 않았을 뿐만 아니라 투표가 끝나고 투표용지를 수집하는 것도 직접 하지 않았다. 그러니 누가 누구에게 투표하는지 모두가 알 수 있는, 이른바 공개투표였다. 그 당시 많은 유럽 출신 이민자에게 직장과 물질적 혜택을 제공하고 그 대가로 선거에서 표를 받는 방식으로 정당조직이 운영되었는데(이를 "party machine"이라고 부른다), 누가 누구에게 투표하는지를 정치인들과 정당 지도자들이 알아야 할 필요가 있던 것이다.

따라서 유권자들은 분할투표를 거의 할 수 없었으며, 대통령 후보에 대한 선호에 따라 선택된 투표용지에 있는 같은 정당의 후보들은 대개 그냥 따라오는 표였다. 자연히 대선 후보와 기타 다른 후보들이 운명을 같이할 수밖에 없었다. 코트테일 효과는 매우 큰 편이었다.

그러다 20세기 초에 있었던 '혁신주의 개혁Progressive Reform'의 여파에 대다수 주정부가 비밀선거제도를 도입하고 정부에서 직접 투표용지 ("Australian ballot system"이라 부른다)를 인쇄하기 시작했다. 1920년대에 있었던 선거권 확대 운동과 더불어 이것은 미국의 선거제도를 크게 바꾸어 놓았고, 유권자들의 선택의 폭을 넓히며 부차적으로 코트테일 효과를 서서히 줄이는 효과를 내었다.

4. 2022년 트럼프 전 대통령과 중간선거

일반적으로 중간선거에서 중요한 인물은 현직 대통령이다. 하지만 2022년은 특이하게 트럼프 전 대통령도 큰 관심을 받았다. 2020년 대선 패배에 승복하지 못하고 2024년 다시 대선에 도전하려고 하는 그의 야망과 공화당 지지자들 사이에서 식을 줄 모르는 그의 인기가 합쳐지면서 생긴 현상이다.

공화당의 당내경선이 끝나고 본격적인 선거전이 시작되기 전인 8월 말, 9월 초는 트럼프 전 대통령의 영향력이 막강해 보였다. 연방 상하원 의원 그리고 주 전체를 대상으로 하는 선출직 중 트럼프가 지지선언을 한 후보는 총 222명이었는데, 이들 중 94퍼센트 정도가 공화당 경선에서 승리했다. 엄청난 승률이다. 그런데 조금 자세히 들여다보면 두 가지 특이한 패턴을 찾을 수 있다.

첫째, 경선에 승리할 확률이 높은 후보 위주로 지지했다. 뉴욕타임스에 따르면 트럼프가 현역을 지지한 경우는 총 145명이었는데, 전체의 65퍼센트 이상이다. 역사적으로 미국의 현역 정치인들은 높은 인지도를 바탕으로 대개 90퍼센트 정도 재선에 성공했다. 아니나 다를까, 145명 중

단 1명을 제외하고 모두 이번 공화당 경선에서 승리했다. 다른 측면도 보자. 워싱턴포스트에 따르면, 트럼프가 지지선언을 하기 전 이미 경선 승리가 분명해 보였던 경우는 총 199명으로 86퍼센트 가까이 된다. 오하이오주 연방상원의원 경선에서 트럼프의 지지선언으로 대역전승을 거둔 밴스 후보는 오히려 드문 케이스이다.

둘째, 연방의회 다수당 탈환이나 주요 주지사 선거의 승리가 목표가 아니었다. 뉴욕타임스의 분석에 따르면, 222명의 트럼프 지지 후보 중 겨우 18명만이 민주당 현역을 물리치기 위한 경우였다. 특히 민주당 현역 연방상원의원과 싸우는 공화당 도전자 14명 중 3명만이 트럼프의 지지선언을 받았다. 또 민주당에서 공화당으로 넘어갈 가능성이 높은 연방 하원 지역구 도전자 60명 중 오직 4명만을 트럼프는 선택했다.

요약하자면, 트럼프 지지선언의 목표는 공화당의 중간선거 승리가 아니라, 2024년 대선을 위한 트럼프 개인의 부각이었다. 특히 자신의 영향력이 높아 보이는 지표나 숫자를 올리는 것에 초점이 맞춰져 있다. 그러하니 최소 550여 개의 선출직 자리 중 40퍼센트 정도의 특정 후보군에게만 지지 의사를 밝힌 것이다. 94퍼센트 경선 승률만 보면, 영향력이 '높아 보이도록' 선택과 집중을 잘한 듯 보인다.

이 점을 더 명확하게 알 수 있는 또 다른 통계도 있다. 트럼프가 지지 의사를 밝힌 후보들 중 71.6퍼센트인 159명은 2020년 대선이 부정선거라고 주장했다. 전체 공화당 후보들 중 같은 생각을 공유하는 이들이 절반 정도인 것과 대비된다.

또 지난 2021년 1월 트럼프 대통령 탄핵에 찬성표를 던진 공화당 하원의원들에게 보복도 했다. 이들 10명 중 일찌감치 은퇴한 2명을 제외하고 8명이 공화당 경선에 나섰는데, 트럼프는 7명에 대해 낙선운동을 했다.

그리고 6명이 본선 진출에 실패했다.

그런데 트럼프가 중간선거에 미친 영향은 좀 더 심각하다. 최근 뉴욕 대학교 연구팀은 2020년과 2022년 연방의회 선거에서 후보들이 어떠한 뉴스를 인용하며 선거운동을 하는지 조사해 보았다.[14] 2020년 선거에서는 민주당 후보의 1퍼센트, 공화당 후보의 8퍼센트 정도가 신뢰도가 현저히 떨어지는 뉴스를 후보의 선거 캠페인에서 이용했다. 그런데 2022년에는 민주당 후보의 2퍼센트, 공화당 후보의 36퍼센트가 그러했다. MSNBC의 신뢰도가 낮다고 평가되는 등 이념적으로 특정 매체에 국한되지 않은 지표를 사용했음에도, 공화당 후보들의 최근 증가 패턴이 두드러져 보인다.

2022년 공화당 후보들만 따로 분석해 보면, 현역의원은 6퍼센트만 신뢰하기 어려운 뉴스를 캠페인에 사용했지만, 현역이 아닌 경우는 그 비율이 45퍼센트에 달한다. 2016년과 2020년 트럼프가 펼친 선거운동 및 정치의 방식이 공화당 정치인 특히 신인에게 널리 확산되는 추세로 보인다.

트럼프가 지지한 후보들의 중간선거 성적에 대해 다양한 연구가 진행되고 있는데, 최신 연구에 의하면 2020년 트럼프의 재선 실패를 부정하는 공화당 후보들은 다른 공화당 후보들에 비해 2.3퍼센트포인트 낮은 득표율을 보였다. 이는 주요 격전지의 승자와 패자의 평균적인 격차보다도 높은 수치다. 트럼프의 재선 실패를 부정하는 공화당 후보들은 경선 과정에서 2퍼센트포인트를 더 얻는 이득을 보았으나, 본선에 가서 큰 패널티를 감수해야만 했다.[15]

---

14 Maggie MacDonald and Megan A. Brown. 2022. "Republicans are increasingly sharing misinformation, research finds." *Washington Post: Monkey Cage*. (August 29).

'개구리 널뛰기'식 대표

중간선거에서 대통령 소속 정당이 불리한 역사적 경향도 중요하지만, 야당의 경선과정에서 온건한 후보가 불리한 점도 주목할 만하다. 주로 대통령과 대통령 소속 정당에게 너무 타협을 많이 하는 등 '원칙이 없다'는 이미지 때문이다.

다트머스대학 연구팀에 따르면, 선거에서 한 정당의 의원이 다른 정당의 의원으로 교체될 경우 이념적으로 극단적인 '점프'를 보인다고 한다.[16] 지역구 전체 유권자들은 여전히 온건한데도, '물갈이'의 바람을 타고 극단적인 성향의 사람들이 정당의 경선과정에 적극 참여하게 되기 때문이다. '개구리 널뛰기식 대표leapfrog representation'라고 부르는데, 2018년과 2022년 중간선거를 위한 당내경선에서 각각 극좌 분파와 극우 분파가 선전을 한 이유이다.

또한 캘리포니아주립대학 연구팀에 따르면, 이념적으로 온건한 주의회의원들은 연방의회에 잘 도전하지 않는 경향이 있다고 한다.[17] 이는 공화당의 경우가 더 심하다고 하는데, 이념적 순수성을 중요하게 생각하는 공화당 지지자들의 특성 때문에 본인들의 당내경선 승리 가능성을 매우 낮게 봐서 생기는 전략적 선택이다. 특히 2022년 중간선거 초기 공화당의 압승이 예상되면서 주 정치인들이 대거 연방무대로 관심을 돌렸는데, 주지하다시피 극우 분파의 움직임이 더 활발했다.

15 Janet Malzahn and Andrew Hall. "Election-Denying Republican Candidates Underperformed in the 2022 Midterms." Working Paper.

16 Joseph Bafumi and Michael C. Herron. 2010. "Leapfrog Representation and Extremism: A Study of American Voters and Their Members in Congress." *American Political Science Review* 104(3): 519-542.

17 Danielle M. Thomsen. 2017. *Opting Out of Congress: Partisan Polarization and the Decline of Moderate Candidates*. New York: Cambridge University Press.

더 읽을 자료

- Gary C. Jacobson and Jamie L. Carson. 2019. *The Politics of Congressional Elections*. 10th edition. Lanham: Rowman & Littlefield — 미국 의회 선거의 처음부터 끝까지를 학부생 수준에 맞추어 소개한 교과서

- https://www.cookpolitical.com/cook-pvi(쿡 리포트) — 미국 각 주 및 하원 선거구별 정당 지지 성향(Cook PVI)을 측정하여 제공하는 웹사이트

9장

기울어진 운동장 1: 게리맨더링

미국 연방의회 선거가 가지고 있는 여러 가지 특징 중에서 다른 선진국에서 보기 힘든 것이 있다. 개별 선거구가 만들어지는 방식(선거구 획정)과 현역의원이 가지는 구조적인 이점 때문에, 선거 자체의 경쟁 정도가 낮고 특정 집단 또는 정당에 유리하다는 점이다. 먼저 선거구 획정을 살펴보자.

1. 게리맨더링은 무엇인가?

미국 연방헌법에서는 상원의원을 각 주당 2석씩 배정하고 하원의원을 인구에 비례해서 배정하도록 했다. 그리고 10년마다 인구조사Census를 한 후, 하원의 각 주당 의석수apportionment는 연방의회가 정하고 선거구 획정redistricting은 주의회에서 담당하도록 했다. 건국해서 100년 정도의 시간이 지날 때까지는 주의 숫자와 인구가 늘면 의원 수도 같이 늘렸기 때문에 큰 문제가 없었다. 그러다가 1929년 하원 전체 의석수를 435명으로 고정시키면서 매 10년마다 의석수 배정과 선거구 획정이 논란과 정쟁의 대상이 되어오고 있다.

의석수 배정의 경우는 인구가 줄어들고 있는 주가 문제이다. 의석수가 줄어들면서 현역의원 중 본의 아니게 은퇴하거나 다른 현역의원에게 선거에서 패하는 경우가 생기기 때문이다. 1950년과 2020년을 비교해 보면, 뉴욕(43 → 26), 펜실베이니아(30 → 17), 매사추세츠(14 → 9) 등의 동부와 일리노이(25 → 17), 오하이오(23 → 15) 등의 중서부에서 하원의원 수가 줄어들었다. 반면 캘리포니아(30 → 52), 애리조나(2 → 9) 등의 서부와 텍사스(22 → 38), 플로리다(8 → 28), 조지아(10 → 14) 등의 남부에서 의석수가 늘었다.

각 주의 의석수가 정해지고 나면 그에 따라 선거구를 나누어야 하는데, 1960년대까지도 주의회는 선거구를 자신들의 입맛에 맞게 제멋대로 만들었다. 1930년 미국에서 인구가 가장 많은 선거구와 가장 적은 선거구는 9배의 차이가 있었고, 1960년도 그 차이가 4.5배나 되었다. 연방하원의원의 선거구 획정을 연방이 아니라 각 주의 의회에서 자유롭게 하도록 헌법에 정해 놓았고, 연방법원도 선거구 획정은 법의 해석이 필요한 영역이 아니라 정치적인 선택이라고 지속적으로 판결해 왔기 때문이다.

그러던 와중에 1964년 연방대법원은 건국 이래 처음으로 '1인1표one person, one vote'의 원칙을 적용하며 대다수의 주에 선거구 획정을 다시 하도록 강제했다. 이때 대부분의 주의회를 장악하고 있던 민주당이 꾀를 내어 게리맨더링gerrymandering을 시도했다. 공화당 지지자들이 가장 밀집해서 거주하는 지역을 최대한 넓게 묶어 선거구를 만들어서, 공화당 후보자에게 압도적인 표가 나오면서 그 지지자들의 표가 당선 가능 수준 이상으로 '낭비'되도록 한 것이다. 그 결과 민주당 소속의 연방하원의원 숫자를 극대화할 수 있었다.

　이후로도 게리맨더링은 정당을 불문하고 꾸준히 행해졌는데, 기괴한 모양을 하고 있는 선거구가 특히 화제가 되었다. 〈그림 4〉는 최근 몇몇 사례를 보여주는데, 민주당 지지자들이 모여 사는 곳을 묶어서 만든 게리맨더링이다. 특히 오른쪽의 노스캐롤라이나와 플로리다의 경우는 이를 통해서 주 전체의 정당득표율에 비해 공화당 하원의원의 비율이 더 높아질 수 있었다.

〈그림 4〉 게리맨더링의 예

〈 메릴랜드 3선거구, 2013-2020 〉

〈 노스캐롤라이나 12선거구, 2013-2017 〉

〈 일리노이 4선거구, 2013-2020 〉

〈 플로리다 5선거구, 2013-2017 〉

특정 인종에게 유리한 게리맨더링도 있다. 1986년 연방대법원은 흑인 유권자의 표가 대량으로 사표가 되도록 한 남부 몇몇 주의 선거구 획정이 인종차별이므로 위헌이라고 판결했다. 이후 흑인과 히스패닉 같은 소수인종이 과반수 이상 거주하고 있는 선거구를 인위적으로 만들어 소수인종 출신 연방하원의원이 더 많이 당선되도록 장려하였다. 그래서 1990년 인구조사 이후 이루어진 선거구 획정으로 흑인 의원은 25명에서 38명으로 늘었고 히스패닉 의원은 10명에서 17명으로 늘었다. 〈그림 2〉의 예로 돌아가보면, 왼쪽의 메릴랜드와 일리노이의 경우는 민주당이 다수당인 2개 주의 의회에서 흑인 의원과 히스패닉 의원을 선출하기 위해 인위적으로 만든 선거구이다.

2. 2010년 이후 공화당의 게리맨더링

게리맨더링이 특정 정당의 이익을 위해 이용되어 온 것은 하루이틀 일이 아니지만, 2010년 인구조사 이후 있었던 연방하원 선거구 획정은 매우 중요한 의미를 가진다. 당시 티파티운동에 힘입어 중간선거에서 대승을 거둔 공화당이 주의회에서도 다수당을 많이 점했는데, 많은 주에서 공화당에 상당히 유리한 방향으로 선거구 획정을 했기 때문이다.

〈표 3〉은 각 선거구가 공화·민주 양당에게 얼마나 유리한지를 선거구 획정 직전인 2010년과 직후인 2012년을 비교한 것이다. 쿡Cook PVIPartisan Voting Index를 이용했는데, 이전 2번의 대통령 선거에서 각 당의 대통령 후보가 전국적으로 얻은 득표율보다 해당 선거구에서 훨씬 더 많이 득표했을 경우 그 정당에게 유리하다고 본다.

<표 3> 미국 연방하원 선거구의 편파성

		민주당 유리		중립		공화당 유리	
공화당이 다수당인 경우	2010	51	−1	24	−11	123	+16
(N=202)	2012	50		13		139	
그 외의 경우	2010	124	−4	26	+5	87	−5
(N=233)	2012	120		31		82	

주: 어느 한 정당이 5퍼센트포인트 차이 이상으로 유리하지 않은 경우를 중립으로 보았음

　공화당은 총 18개 주에서 202석의 선거구 획정을 담당했다. 여기에서는 공화당에게 유리한 선거구가 16개 늘어난 반면, 양당 누구에게도 유리하지 않은 중립적인 선거구가 11개 줄어들었다. 민주당은 총 6개 주에서 47석의 선거구 획정을 했고, 나머지 26개 주 186석의 선거구는 위원회 등을 통해 비당파적인 획정이 이루어졌다. 이에 중립적인 선거구가 5개 늘어나고 공화당과 민주당에 유리한 선거구가 각각 5석과 4석 줄어들었다.

　현재는 2020년 인구조사를 기초로 만든 선거구가 사용되고 있다. 일반적으로 특정 정당을 향한 편파성이 조금 줄어들었다는 평가가 다수이다. 하지만 공화당이 선거구 획정을 독점하고 있는 주(전체 선거구의 43.6퍼센트)에서는 공화당에 불리한 방향으로의 변화가 미미했다. 특히 양당의 주 전체 지지율이 비슷한 15개 주만 따로 보자. 공화당이 선거구 획정을 독점한 5개 주는 4곳에서 공화당이 유리하게 선거구가 정해졌다. 조지아, 플로리다, 노스캐롤라이나, 텍사스가 이에 해당된다. 반면 그 이외의 10개 주에서는 8곳이 비교적 경쟁적이다.

　이를 염두하고 2023년 현재 대표적인 '스윙 스테이트swing state(경합주)'의 연방하원의원 숫자를 보자. 2020년 대선에서 득표율 차이가 5퍼센트포인트 미만인 8개 주는 민주당과 공화당이 매우 경쟁적으로 다투고 있

음이 분명하다. 하지만 이 중 절반에서는 공화당의 의석수가 압도적으로 높다. 플로리다는 공화 20, 민주 8이고, 조지아는 9 대 5, 애리조나는 6 대 3, 그리고 위스콘신은 6 대 2이다. 이곳들은 모두 공화당이 주의회 다수당을 확고하게 지키고 있으면서 주의회가 직접 선거구 획정을 했다. 반대로 미시간(6 대 7)은 비당파적인 위원회에서 선거구 획정을 했고, 펜실베이니아(8 대 9)는 주 대법원이 당파적인 선거구 획정을 위헌이라고 선언했었다.

3. 연방상원의 비대표성

인구수에 비례해서 의원 수를 정하는 하원과 달리 상원은 모든 주가 일률적으로 2석씩 가져간다. 따라서 명시적인 게리맨더링은 일어나지 않는다. 그렇다고 특정 이해관계나 정당에 중립적이지도 않다. 가장 큰 문제는 인구가 많건 적건 상관없이 상원의원 의석수가 동일하기 때문에 작은 주가 훨씬 더 유리하다는 것이다. 예를 들면, 인구가 가장 많은 9개 주에 미국 전체 인구의 절반이 넘게 살고 있지만, 고작 18퍼센트의 상원의원이 이들의 이해관계를 대표하고 있다. 거꾸로 인구가 가장 적은 26개 주에는 18퍼센트의 인구만이 살고 있지만 52퍼센트의 상원의원이 있다.

이것은 또한 특정 정당에 유리하게 작용한다. 대개 도시화가 많이 되어 있는 주일수록 인구가 많기 때문에 농업이 주력 산업인 작은 주가 상원에서 과도하게 대표되는 경향이 있다. 또한 인구가 많은 주의 유권자들이 대개 민주당을 지지하는 패턴이 있기 때문에 공화당 소속 상원의원이 제도적으로 더 많이 당선되는 환경인 셈이다. 현재 인구가 가장 많은 9개 주에서는 공화당 의원이 평균 0.78명인데 반해 인구가 가장 적은 26개 주에서는 공화당 의원이 평균 1.19명이다.

결과적으로 공화당은 민주당보다 낮은 득표율에도 상원에서 다수당 지위를 유지하곤 했다. 〈표 4〉를 살펴보자. 1990년 이후로 2022년까지 민주당은 1994-98년 시기를 제외하곤 꾸준히 상원 선거의 전국 득표율에서 우위를 점하였다. 그러나 민주당은 8차례, 공화당은 9차례 상원에서 다수당 위치를 차지하였다.

〈표 4〉 상원 전국 득표와 각 정당이 대표하는 유권자 비율

선거연도	의석수 분포		득표율 분포	
	민주	공화	민주	공화
2022	51	49	58.2%	41.8%
2020	50+부통령	50	56.5%	43.5%
2018	47	53	52.0%	48.0%
2016	48	52	55.3%	44.7%
2014	46	54	53.3%	46.7%
2012	55	45	58.2%	41.8%
2010	53	47	56.3%	43.7%
2008	59	41	62.1%	37.9%
2006	51	49	56.8%	43.2%
2004	45	55	50.5%	49.5%
2002	49	51	55.2%	44.8%
2000	50	50+부통령	58.0%	42.0%
1998	45	55	50.5%	49.5%
1996	45	55	49.7%	50.3%
1994	48	52	52.3%	47.7%
1992	57	43	66.0%	34.0%
1990	56	44	59.4%	40.6%

출처: Stephen Wolf. 2023. "Republicans have won the Senate half the time since 2000 despite winning fewer votes than Democrats." *Daily Kos* (February 15).

게리맨더링은 왜 유지될까?

일견 매우 불합리하고 불공정해 보이는 게리맨더링이 미국에서 나타날 수 있는 이유는 막강한 권한을 가지고 있는 연방대법원과 밀접한 관련이 있다. 과도한 게리맨더링이 위헌이라는 주장이 19세기와 20세기를 거치며 끊임없이 나왔는데, 이때마다 연방대법원은 '선거구 획정은 법의 해석과 무관하다'는 입장을 견지해 왔기 때문이다(1946년의 *Colegrove v. Green* 판결이 대표적임).

그러다가 기존의 견해를 뒤집고 1962년 연방대법원이 *Baker v. Carr* 판결을 통해 선거구별 인구 격차가 심하면 위헌이라고 한 후, 선거구 획정에서 비로소 인구 비례를 최소화하기 시작했다. 또한 선거구를 만들면서 소수인종을 차별하지 않는 단계(1965년 연방의회에서 민권법을 통과시키며 이루어짐)에서 더 나아가 소수인종이 다수인 선거구를 만드는 것을 장려한 것도 연방대법원이다. 1986년 *Thornburg v. Gingles* 판결로 이러한 선거구를 만드는 기준을 제시했기 때문이다.

하지만 한 정당에게 편파적인 게리맨더링의 경우는 연방대법원이 애매한 입장을 보이고 있다. 원칙적으로 1986년 *Davis v. Bandemer* 판결을 통해 위헌을 선언하긴 했지만, 그 기준이 문제이다. "한 정당에 유리하게 하려는 의도가 있어야 하고 실제로 그 효과도 있어야 한다"는 것인데, 지나치게 주관적인 해석의 여지가 있다. 이에 현재까지 상당히 많은 수의 케이스가 있었지만, 연방대법원이 정파적인 게리맨더링이라고 판단한 선거구는 아직 없었다. 오히려 선거구 획정의 권한이 주의회에 있다는 이유로 해당 주의 대법원에 그 결정을 미루는 것이 일반적이었다.

더 읽을 자료

- Anthony J. McGann, Charles Anthony Smith, Michael Latner and Alex Keena. 2016. *Gerrymandering in America*. Cambridge: Cambridge University Press — 게리맨더링의 역사와 특히 2010년 선거구 획정을 심도있게 다룬 책

- https://gerrymander.princeton.edu(게리맨더링 프로젝트) — 프린스턴대학교 연구팀의 데이터베이스인데, 2020년 인구조사 이후 각 주별 다양한 선거구 획정안의 인구통계학적·정치학적 자료를 볼 수 있음

기울어진 운동장 2: 현직자 이점

미국 의회 선거에서 가장 중요한 특징 중 하나는 특정 정당에게 유리하도록 선거구를 인위적으로 짜맞추는 게리맨더링이 빈번하다는 점이라는 것을 살펴보았다. 이것이 전부가 아니다. '기울어진 운동장'에서 경기하는 또 다른 예로, 연방의회 선거가 현역의원에게 구조적으로 유리하게 치러지는 패턴도 있다.

1. 현직자 이점은 무엇인가?

1946년부터 현재까지 연방 상하원 선거결과를 보면, 현역의원의 재선 성공률이 매우 높다는 것을 알 수 있다. 현역의원이 출마할 경우, 평균적으로 하원은 92.5퍼센트, 상원은 80.0퍼센트 정도가 성공한다. 고작 1.6퍼센트의 하원의원만이 예비선거에서 패배하고, 6.0퍼센트 정도가 11월 본선거에서 재선에 실패한다. 상원의 경우 도전자들이 현역 하원의원이 거나 주지사인 경우가 있어서 약간의 변동은 있지만, 최근 지속적으로 높은 재선 성공률을 보여준다. 한국이나 유럽 선진국에서 초선의원이 꾸준히 40-60퍼센트 정도를 차지하는 것과 비교하면, 미국은 예외라고 하겠다.

단순히 현역의원의 재선 성공률이 높은 것만이 전부가 아니다. 모든 상황이 동일하다면, 신인 시절에 비해서 현역 신분일 때 더 많은 득표를 할 수 있다. 1946년부터 지금까지 현역의원이 초선으로 당선될 때와 그 다음에 재선될 때 득표율을 비교해 보면, 평균적으로 상원은 6-9퍼센트 포인트, 하원은 7-10퍼센트포인트 상승했다. 그리고 현역의원이 마지막으로 당선될 때와 은퇴 후 같은 정당의 후보가 출마할 때 득표율을 비교해 보면, 평균적으로 상하원 모두 4-7퍼센트포인트 하락했다. 현역의원으로 출마하는 것 자체가 프리미엄인 셈이다.

미국 정치학자들은 이러한 현상을 '현직자 이점incumbency advantage'이라고 부르고, 이 원인에 대해서도 활발한 연구를 해왔다. 크게 4가지 요인을 꼽는데, 연방의회를 둘러싼 제도적 특성에서 기인하거나 선거자금을 자유롭게 사용할 수 있는 선거제도에서 기인한다.

첫째, 상임위원회 제도이다. 상하원의원 모두는 자신이 대표하는 지역의 이해관계를 대표할 수 있는 상임위원회 위원이 된다. 한국 국회와 달리, 예산위원회와 결산위원회가 각각 따로 상임위원회로 존재하고, 한 명의 의원이 여러 상임위원회에 들어갈 수도 있다. 그곳에서 지역구와 관련된 전문성을 쌓을 수 있음은 물론이고, 지역의 이해관계에 부합하는 법안을 입안하고 이에 반하는 법안은 저지할 수 있다. 정치 신인들이 지역의 이슈에 대해 '말'로 공약할 수밖에 없는 데 반해서 현역의원들은 '행동'으로 보여줄 수 있는 셈이다.

둘째, 연방예산으로 제공되는 편의이다. 보좌하는 비서진의 임금이 지원되는데, 하원의원의 경우 20명 내외로, 상원의원의 경우 평균 40-50명, 최대 100명까지 보좌진을 꾸릴 수 있다. 땅값 비싼 워싱턴에서 오피스 공간을 무상으로 제공받고, 워싱턴과 지역구를 오가는 교통비도 지원된다. 지역구에 보내는 우편물도 의원의 서명이 있으면 공짜다. 의원 1인당 평균적으로 1년에 125만 달러(한화 14억 원 상당) 이상 연방예산으로 지원된다고 알려져 있다. 이에 반해, 정치 신인은 모든 것을 자신이 모금하는 정치자금으로 충당해야만 한다.

셋째, 연방정부를 이용해 지역구 서비스를 직접 챙긴다. 연방제를 택하고 있는 미국은 국민 실생활에 밀접한 관련이 있는 거의 모든 일을 주정부에서 담당하지만, 1960년대 이래 상당수의 복지성 예산을 연방정부의 재정에 의존하고 있다. 사회보장제도와 의료부조제도가 대표적인데, 이를 담당하는 관공서와 관료도 있지만 상하원의원의 지역구 사무실에서 이 서비스를 매개해 주기도 한다. 서비스 자체가 비당파적인 측면이 있고, 도움을 받은 사람들이 자원봉사 등을 통해 선거운동으로 '보답'을 하기도 한다. 최근에는 그 중요도가 커져서 지역구 사무실 보좌진의 40퍼센트 이상이 이 일을 전담하기도 한다.

넷째, 경쟁자들의 전략적인 선택이다. 선거는 여러 명이 하는 게임인데, 현역의원이 출마할 경우 경쟁자들이 변변치 않기 때문에 반사적으로 현역의원에게 유리한 것이다. 연방의회 선거의 경우 선거자금 규모가 상당하고 이를 모금하는 것이 쉽지 않아서, 훌륭한 자질의 경쟁자일수록 자신이 이길 수 있는 선거에만 전략적으로 출마한다. 〈표 5〉는 1946년부터 2014년까지 연방하원 선거에서 선출직 경험이 있는 도전자가 출마한 지역구의 비율을 보여준다. 현역의원이 출마한 경우보다 출마하지 않은 경우에 훌륭한 자질의 도전자가 출마할 확률이 19.1퍼센트에서 54.4퍼센트로 3배 가까이 증가했다. 각각의 경우 안에서도 지역구가 도전자에게 유리한 환경일 경우 훌륭한 자질의 경쟁자가 더 많이 출마하는 경향이 있다.

〈표 5〉 선출직 경험이 있는 도전자가 출마한 지역구의 비율, 1946-2014

		총 지역구 수	비율(%)	평균비율(%)
현역의원이 없는 경우	상대 후보가 없는 지역구	95	71.6	54.4
	같은 정당 출신 의원의 지역구	1318	68.7	
	새롭게 만들어진 지역구	310	53.5	
	반대 정당 출신 의원의 지역구	1318	35.7	
현역의원이 있는 경우	이전 선거 득표율: 50-55%	1742	44.5	19.1
	이전 선거 득표율: 55-60%	1732	28.1	
	이전 선거 득표율: 60-65%	1731	17.5	
	이전 선거 득표율: 65-70%	1539	14.3	
	이전 선거 득표율: 70% 이상	2243	7.4	
	이전 선거에 도전자 없었음	1633	4.6	

출처: Gary C. Jacobson and Jamie L. Carson. 2016. *The Politics of Congressional Elections.* 9th edition. New York: Rowman & Littlefield. p. 56.

2. 현직자의 은퇴 결정과 선거판세

현역의원의 재선 확률이 높기 때문에 매선거 때마다 워싱턴 정가에서 관심을 끄는 뉴스는 현역의 은퇴 소식이다. 전체 선거의 판세가 불리할 때 현역의원들이 더 많이 은퇴하는 경향이 있기 때문이다. 또한 현역의원이 얼마나 많이 선거에서 패배하는지에 따라 전체 선거의 승패가 결정한다.

2018년 민주당 현역의원은 총 8명(4.1퍼센트) 은퇴했지만 공화당에서는 21명(8.7퍼센트)이나 정계를 떠났다. 또 2020년은 민주당에서 5명(2.2퍼센트)의 현역의원이 은퇴했지만 공화당 현역은 18명(9.1퍼센트)이 재선에 도전하지 않았다. 두 해 모두 선거 초반 공화당이 불리하다고 예상되었고, 이 때문에 공화당 현역의원들이 더 많이 은퇴했던 것이다. 2022년의 경우는 민주당 바이든 대통령에 대한 중간평가 성격이 강했던 초반 판세에 영향을 받아 민주당에서 20명(9.0퍼센트)의 현역의원이 은퇴했었다. 공화당의 12명(5.7퍼센트)보다 약 2배 가량 많은 규모였다.

현역의원이 선거에 도전했지만 패한 경우도 중요하다. 지역구 통폐합으로 다른 현역에게 패한 경우를 제외하고 보면, 2018년 공화당은 현역 30명(12.4퍼센트)이 본선거에서 졌지만 민주당 현역은 모두 이겼다. 그 결과 민주당 의석수는 증가했다. 2020년은 반대였다. 민주당 현역 13명(5.6퍼센트)이 본선거에서 패했지만 공화당 현역은 모두 승리했다. 당연히 공화당 의석수가 증가했다. 공화당이 다수당을 빼앗은 2022년도 비슷한 패턴이다. 민주당 현역은 6명이 패했던 반면 공화당은 그 규모를 3명 수준으로 낮췄다.

예비선거는 정반대의 패턴이다. 본선거에서 이길 확률이 높다고 여겨지면 예비선거에서 신인들이 현역에게 더 많이 도전하기 때문이다. 2018년은 민주당 현역(3명, 1.5퍼센트)이 공화당 현역(2명, 0.8퍼센트)보다 예비선거에서 조금 더 패했고, 반대로 2020년에는 공화당 현역(5명, 2.5퍼센트)이 민주당 현역(3명, 1.3퍼센트)보다 예비선거에서 더 많이 졌다. 공화당의 압승이 예상되었던 2022년은 초반 판세를 반영하듯, 민주당의 현역(2명, 0.9퍼센트)보다 공화당 현역의원(6명, 2.8퍼센트)들이 더 많이 당내 신인들에게 자리를 내주었다.

3. 현직자의 정치자금 역설

정치자금의 모금과 지출을 공개하기 시작한 1972년부터 2016년까지 연방의회 선거에서 적용되는 법칙이 있다. 도전자는 선거자금을 많이 쓰면 쓸수록 득표를 더 많이 한다. 하지만 현역의원은 선거자금을 많이 쓸수록 거꾸로 득표를 더 적게 한다.

　도전자의 경우는 비교적 쉽게 이해할 수 있다. 선거운동에 돈이 필요한데, 돈을 주려는 사람은 승리 가능성이 높을 경우 더 많이 주는 경향이 있다. 또한 선거자금을 많이 쓰면 보다 효과적인 캠페인을 할 수도 있다. 역대 하원의원 선거에서 60만 달러(한화 6.6억 원)보다 적은 돈을 쓴 도전자는 6.5퍼센트만이 승리한 반면, 100만 달러(한화 11억 원)보다 많은 돈을 쓴 도전자는 31.4퍼센트가 승리했다.

　현역의원의 경우는 다른 논리가 적용된다. 일반적으로 현역의원의 재선 성공률이 매우 높은 상황에서 잠재적 기부자는 반드시 이길 후보에게 돈을 낭비하려고 하지 않는다. 오히려 선거자금을 억지로라도 많이 모금해서 써야 하는 상황이라면 현역의원에게 불리한 경우이다. 게다가 훌륭한 도전자가 선거자금까지 많이 쓰면 어쩔 수 없이 현역의원도 선거자금을 더 써야 한다. 역대 하원의원 선거에서 20만 달러(한화 2.2억 원)보다 적게 쓴 현역의원 중에 재선에 실패한 경우는 없었지만, 100만 달러(한화 11억 원)보다 많이 쓴 현역의원은 10퍼센트 정도가 재선에 실패했다.

2018년 중간선거의 경우를 살펴보자. 상원의 경우, 민주당 현역의원이 공화당 현역의원에 비해 평균적으로 약 2배 정도 많은 돈을 지출했다(1700만 달러 대 900만 달러). 도전자들의 경우는 두 정당 출신이 비슷한 정도였다(300만 달러). 민주당에게 불리했던 상원의원 선거 판세와 일치한다. 반면, 하원의 경우는 공화당 현역의원이 민주당 현역의원보다 평균적으로 더 많이 썼다(공화 220만 달러, 민주 135만 달러). 도전자들의 경우는 그 반대이다(민주 63만 달러, 공화 14만 달러). 공화당에게 불리했던 판세를 반영하는 것이다.

2020년의 경우도 유사하다. 상원은 민주당 현역보다 공화당 현역이 선거자금을 훨씬 더 많이 썼고(민주 1700만 달러, 공화 3100만 달러), 민주당 도전자가 공화당 도전자보다 돈을 압도적으로 많이 사용했다(민주 950만 달러, 공화 170만 달러). 그 결과, 민주당의 의석이 증가해서 다수당을 차지했다. 반대로 공화당이 의석수를 살짝 늘렸지만 박빙이었던 하원은 현역의원(230만 달러)과 도전자(50만 달러) 모두 두 정당 사이에 큰 차이가 있지는 않았다.

사라지는 현직자 이점

의회 선거를 설명하는 주요한 개념이었던 현직자 이점에 대한 변화가 감지되고 있다. 정당 양극화가 점점 심화되고, 지역과 의원 개인의 특색보다 대통령과 중앙 정치의 영향이 강해지면서 현직자 이점이 점점 약해지고 있는 것이다.

대통령과 의회에 각기 다른 정당을 투표했던 분할투표 경향이 약해지면서, 공화당 텃밭에서 오랫동안 재직한 민주당 하원의원, 민주당 우위 지역에서 오랫동안 현역이었던 공화당 하원의원을 찾아보기 점점 힘들어지고 있다. 또한 하원의원 경선에서 현직자에 대한 도전이 점점 활발해지고 이념색이 더 뚜렷한 의원들이 승리하는 과정을 통해 현직자들의 경선 패배 사례가 늘어나는 것도 이런 현직자 이점의 퇴색 경향을 강화하고 있다.

더 읽을 자료

• Jeffrey M. Stonecash. 2008. *Reassessing the Incumbency Effect.* Cambridge: Cambridge University Press — 주로 학술논문을 통해 논의되어 온 현직자 이점이라는 주제에 관해 비교적 알기 쉽게 설명한 책

11장

2018년과 2022년 의회 선거에 대한 분석

2018년과 2022년 의회 선거를 보다 생동감 있게 이해할 수 있도록, 앞서 8장에서 대통령 선거를 분석할 때와 마찬가지로, 저자들이 당시 한국의 언론에 기고한 내용을 약간의 수정만 하고 옮겨 보았다.

1. 2018년 중간선거 분석[18]

2018년 중간선거의 결과는 상원의 공화당 수성과 하원의 민주당 탈환으로 요약할 수 있다. 트럼프 대통령 자신은 '위대한 승리'라고 자축했었지만, 미국 내 주요 언론은 미국인들이 트럼프 대통령에 대해 제동을 건 것이라고 평가한다. 무엇이 더 진실에 가까울까?

역사적으로 중간선거는 대통령의 무덤이었다. 1946년부터 2014년까지

---

18 박홍민. 2018. "트럼프, 기울어진 운동장 덕에 이룬 그들만의 승리." 《한국일보》 (11월 9일)

평균적으로 대통령의 정당은 상원 4.1석, 하원 25.6석을 잃어버렸다. 대통령에 대한 지지도가 당선 이후 하락했던 것이 주원인이었다. 그렇다면 이번 2018년 중간선거에서 후보자들의 당락과 해당 지역구 유권자들의 트럼프 지지도를 비교해보자. 〈표 6〉에서 볼 수 있듯 하원의 경우, 트럼

〈표 6〉 2018년 연방 상하원의원 선거 승리의 결정요인

			공화당 후보 당선	민주당 후보 당선
하원	지역구 유권자의 트럼프 대통령 지지도	우호적	100	14
		중립적	94	109
		적대적	12	105
	지역구 획정의 당파성 정도	공화당 유리	182	8
		경쟁적	24	55
		민주당 유리	0	165
	현역의원의 출마여부	공화당 현역의원	168	32
		공석 - 공화당 지역구	28	12
		공석 - 민주당 지역구	5	18
		민주당 현역의원	5	166
상원	주 유권자의 트럼프 대통령 지지도	우호적	3	1
		중립적	9	18
		적대적	0	3
	주 인구수	소	7	9
		중	3	8
		대	2	5
	현역의원의 출마여부	공화당 현역의원	4	1
		공석 - 공화당 지역구	3	0
		공석 - 민주당 지역구	0	1
		민주당 현역의원	5	20

출처: 지역구의 트럼프 지지도(Cooperative Congressional Election Study, cces.gov.harvard.edu), 지역구 획정의 당파성(Cook Political Report, www.cookpolitical.com)

프 대통령에 우호적인 지역구 중 87.7퍼센트에서 공화당 후보가 당선되었고, 적대적인 지역구 중 89.7퍼센트에서 민주당 후보가 당선되었다. 하지만 트럼프 대통령에게 중립적인 지역구에서는 민주당 후보(109명)가 공화당 후보(94명)보다 더 많이 당선되었다. 상원도 비슷한 경향을 보인다. 2018년 중간선거는 트럼프 대통령에 대한 중간평가인 듯 보인다.

하지만 2018년 중간선거는 기울어진 경기장이었다. 이 때문에 트럼프 대통령에 대한 지지도가 매우 낮았음에도 불구하고 민주당의 보다 압도적인 승리가 불가능했다. 오히려 상원에서는 공화당이 의석수를 늘렸다.

가장 큰 요인은 선거구 획정이다. 2010년 인구조사 후 진행된 선거구 획정에서 당시 주의회를 대부분 장악하고 있던 공화당이 자신들에게 유리한 방향으로 선거구를 미리 만들어 놓았다. 2018년 중간선거에서 하원 지역구가 공화당에 편파적으로 만들어진 경우 그중 95.8퍼센트에서 공화당 후보가 당선되었다. 반트럼프 정서를 막아줄 든든한 방패막이였던 셈이다. 이에 비해, 선거구가 특정 정당에게 유리하지 않았던 경우는 총 79개 선거구 중 55개(69.6퍼센트)에서 민주당 후보가 승리했다. 이것이 트럼프 대통령에 대한 전반적인 평가를 더 잘 반영한다고 하겠다.

상원의 지역구는 주 전체이기 때문에, 주의 인구가 많고 적음이 역사적으로 중요했었다. 이번 선거의 경우, 공화당은 인구가 많은 주 7개 중 2개(28.6퍼센트)밖에 승리를 거두지 못한 반면, 인구가 적은 주에서는 16개 중 7개(43.8퍼센트)에서 이겼다. 선거구도가 공화당에 유리한 주가 더 많았던 것이다. 결과적으로 민주당이 반트럼프 정서를 등에 업었음에도 불구하고 연방상원에서 다수당을 차지하지 못한 요인이 되었다.

현역의원의 출마 변수도 중요했다. 하원의 경우, 민주당 현역의원의 97.1퍼센트가 재선에 성공했는데, 공화당도 이에 못지않았다. 총 200명의 현역의원이 출마해서 168명(84.0퍼센트)이 살아 돌아왔다. 상원은 민주·공화 양당 현역의원 모두 80.0퍼센트의 재선 성공률을 보였다. 상하원을 불문하고 트럼프 대통령을 심판하겠다는 의지가 완전히 실현되기 어려운 구조적인 상황이었던 것이다.

정리하자면, 2018년 미국 중간선거는 선거운동을 통해 유권자들을 설득했던 선거가 아니고, 선거가 시작되기 오래전부터 있었던 선거구도에 의해서 치러진 선거였다. CNN이 투표 당일 시행한 출구조사에서도 이 점을 거듭 확인할 수 있다. 선거가 있기 한 달 이전에 누구를 뽑을지 정했다는 유권자가 전체의 63퍼센트였고, 고작 8퍼센트의 유권자들만이 선거일에 임박해서 마음을 정했다.

그렇다면 CNN의 출구조사 결과를 바탕으로 투표에 참여한 유권자들을 분석해 보자. 이를 통해서 중간선거에 투영된 미국 정치의 현주소를 들여다볼 수 있을 뿐 아니라, 향후 정국에 대한 전망도 할 수 있기 때문이다.

가장 눈에 띄는 것은 미국인들의 정치적인 견해가 매우 양극화되어 있다는 점이다. 트럼프 대통령에 대한 의견을 묻는 질문에 '매우 지지한다'(31퍼센트)와 '매우 거부한다'(46퍼센트)가 각각 '지지한다'(14퍼센트)와 '거부한다'(8퍼센트)에 비해 2-3배 더 높았다. 호·불호에 대한 선호가 매우 강한 것이다. 대개 이런 경우 자신과 의견이 다른 사람이나 집단을 축출해야 할 대상으로 간주하고 타협을 거부하는 경향이 있다.

그런데 아이러니컬하게도 미국인들은 극단적인 정쟁 자체는 거부한다. 예를 들면, 트럼프 대통령을 지지하지는 않지만 탄핵도 반대한다. 56퍼센트의 유권자가 탄핵을 반대하며, 이 중 20퍼센트 가까이가 민주당 지지자들이다. 또한 2007년부터 4년 동안 하원의장을 지낸 낸시 펠로시 민주당 의원이 차기 하원의장으로 어떠한지 물었는데, 56퍼센트의 유권자들이 비우호적이었다. 그녀는 하원의장 당시 하원을 매우 당파적으로 운영했던 것으로 유명한데, 이에 대한 거부감으로 보인다.

새로이 시작하는 연방의회가 당면한 가장 중요한 이슈에 대한 유권자들의 의견도 흥미롭다. 건강보험(41퍼센트), 이민정책(23퍼센트), 경제정책(22퍼센트), 그리고 총기규제(10퍼센트) 순으로 꼽았다. 그런데 민주당을 지지하는 유권자들은 건강보험과 총기규제에 상대적으로 더 많은 관심을 보인 반면, 공화당 지지자들은 이민정책과 경제정책을 더 강조하고 있다. 이에 민주당은 다수당을 차지한 하원을 중심으로 건강보험과 총기규제에 관련된 법안을 입안할 것으로 보인다.

하지만 상원의 공화당은 이것을 적극 찬성하지도 적극 반대하지도 않은 채 흐지부지 세월만 보낼 것이다. 공화당 지지자들 사이에서 관심이 없기 때문이다.

반대로 트럼프 대통령은 그동안 보여주었던 적대적 이민정책과 미국 중심의 경제 및 통상정책을 고수할 것으로 보인다. 공화당 지지자들이 여기에 더 관심이 많기 때문이다. 다만, 2017년의 감세법안처럼 의회를 통해 입법화하는 방안은 성공적이지 못할 것이다. 하원 다수당인 민주당이 협조할 가능성 적기 때문이다. 국민들을 상대로 직접 이슈화하고, 의회가 일을 하지 않는다고 불평을 거세게 한 후, 대통령 행정명령 등을 통해 소규모의 변화 정도만 꾀할 것으로 전망된다.

정리하자면, 민주·공화 양당 모두 각자 다수당을 차지하고 있는 하원과 상원을 중심으로 자신들의 지지자만을 위한 정책을 추진할 것이고, 그것이 교착gridlock으로 이어지면서 큰 변화가 없는 상태가 2020년 대선까지 이어질 것으로 전망된다. 동시에 아무것도 이룬 것이 없어 좌절감

에 빠진 지지자들을 위해서는 상대 정당을 지속적으로 비난하며 그들의
충성심을 북돋을 것이다.

2. 2022년 중간선거 분석[19]

2022년 중간선거의 전체적인 결론은 민주당의 연방상원 수성과 공화당
의 연방하원 장악이라고 요약할 수 있다. 이제 차분히 중간선거의 의미
를 생각해 봄 직하다.

첫째, 트럼프 전 대통령의 2024년 대선 도전에 경고등이 켜졌다. 애당
초 트럼프의 계획은 공화당의 압승을 전제로 공화당 내에서 자신의 영
향력을 높이는 것이었다. 하지만 공화당이 압승을 거두지도 못했고, 주
요 격전지에서는 트럼프가 지지하는 후보가 대거 낙선했다. 특히 지난
2020년 대선에서 득표율 차이가 5퍼센트포인트 미만이었던 8개 주만 놓
고 보면(〈표 7〉 참조), 지지 후보의 약 28퍼센트 정도만 당선되었다. 트
럼프 책임론이 나오는 이유이다.

둘째, 공화당 대선 주자로 디샌티스Ron Desentis 플로리다 주지사가 급
부상했다. 40대 중반인 디샌티스 주지사는 미국인들이 선호하는 '공적
마인드가 있는 능력자' 이미지를 가지고 있다. 하버드 법대를 졸업하고
해군으로 복무한 뒤 검사를 하다가, 2013년 연방하원의원으로 정계에 입
문했다. 2018년 처음 주지사로 당선되었는데, 정치적인 언어는 트럼프보
다 절제되고 실용적인 정책 집행력은 뛰어나다는 평이다. 특히 이번 선

---

19 박홍민. 2022. "명암이 교차한 미국 중간선거의 여섯가지 특징." 《한국일보》 (11월 29일)

<표 7> 2022년 중간선거의 트럼프 지지 후보 당선여부

지역	주	연방상원	주지사	주 국무장관	박빙 하원 선거구
중부	미시간	–	패	패	2패
	펜실베이니아	패	패	–	
	위스콘신	승	패	–	1승
서부	네바다	패	승	패	2패
	애리조나	패	패	패	
남부	노스캐롤라이나	승	–	–	1패
	조지아	2위(결선)	패(경선)	패(경선)	
	플로리다	승	승	–	
당선비율		3/7 (42.9%)	2/7 (28.6%)	0/4 (0.0%)	

주: 2020년 대선에서 득표율 차이가 5퍼센트포인트 미만인 8개 주의 경우

거에서는 19퍼센트포인트 차이로 상대 후보를 꺾으면서 공화당의 플로리다 싹쓸이를 주도했다. 더 중요한 점은 히스패닉 유권자의 50퍼센트 이상과 무당파의 60퍼센트 정도가 디샌티스를 지지해서, 앞으로 대선 후보로의 확장 가능성이 매우 높다는 점이다.

셋째, 히스패닉의 정당 지지 패턴에 변화가 보인다. 소수인종이기도 하거니와 트럼프 전 대통령과 공화당의 '불법이민자' 프레임 때문에 많은 사람들이 히스패닉은 민주당을 지지할 것이라고 당연시해 왔다. 하지만 이번 선거에서 히스패닉 유권자의 40퍼센트는 공화당을 지지했다. 히스패닉 남성의 경우 45퍼센트도 넘었다. 지난 2020년 대선 때보다 7-9퍼센트포인트 증가한 것이고, 2016년에 비하면 12퍼센트포인트 이상 늘어난 것이다. 공화당과 민주당 모두가 향후 정책 어젠다와 선거전략 수립에 큰 변화를 꾀해야 할 것으로 보인다.

넷째, 민주·공화 양당 중심의 정당 양극화가 누그러질 기미가 없다.

지난 2020년 대선에서 트럼프에게 더 많은 표를 던졌던 연방하원 지역구의 90퍼센트에서 2022년 공화당 후보의 득표율이 증가했다. 반대로 2020년 바이든에게 더 많은 표를 던졌던 연방하원 지역구의 45퍼센트는 2022년 민주당 후보의 득표율이 늘었다. 양 정당의 지지자들이 보다 강하게 집결한 것이라 해석할 수 있다.

다섯째, 미국 의회 선거의 가장 큰 특징이라고 할 수 있는 현역의원의 높은 재선율이 반복되었다. 연방상원의 현역은 전원 당선되었고, 연방하원도 고작 8명의 현역의원만이 신참에게 졌다. 그래서 이번 중간선거 당선자 중 현역의원의 비율은 상원 79.4퍼센트, 하원 81.6퍼센트에 이른다. 이렇게 선거에서의 경쟁 정도가 낮아지면 정치인들이 유권자의 목소리를 귀담아들을 인센티브가 낮아지기 때문에 경계해야만 한다.

여섯째, 많은 이들의 우려와 달리 절대다수의 후보가 선거의 결과에 승복했다. 2020년 트럼프 전 대통령이 부정선거를 주장한 이후, 매우 많은 공화당 정치인들과 지지자들이 이에 동조해왔다. 재검표를 시도하기도 했고 법적 소송을 제기하기도 했으며, 심지어 의사당에 침입하기도 했다. 하지만 아이러니컬하게도 이들의 대다수는 2022년 그들이 부정덩어리라고 주장했던 선거라는 제도를 통해서 정치에 진입하려고 시도했다. 그리고 자신이 선거에 패배하더라도 그 결과에 거의 모두 승복하고 있다. 미국 민주주의의 근간인 선거의 정당성legitimacy이 회복되고 있는 듯 보인다.

더 읽을 자료

• 미국정치연구회 편. 2020.《트럼프 이후의 중간선거》오름 ─ 2018년 중간선거의 과정과 결과에 대해 특히 인종과 의료보험 이슈를 중심으로 살펴본 책

12장

미국 정치의 양극화: 민주당과 공화당의 딜레마

지금까지 대통령 선거와 의회 선거를 통해서 미국의 정치를 살펴보았는데, 가장 자주 등장한 현상은 정당 양극화party polarization이다. 이념적으로 중도 성향을 가진 사람들이 점점 사라지고, 민주·공화 양당 간의 이념적·정책적 간극이 벌어지는 것을 의미한다. 또한 각 정당 내부의 결집력은 강화되어 정쟁과 교착이 일상화되고 있다.

1. 정당 양극화의 역사

정당 양극화의 가장 중요한 부분은 민주·공화 또는 진보·보수 사이의 정책적 입장이 크게 벌어지는 것이다. 19세기 후반부터 현재까지 연방상원에서 양당의 평균 이념성향을 살펴보면(〈그림 5〉), 1970년대를 기점으로 공화당이 급격히 보수화되고 민주당도 정도의 차이는 있지만 보다

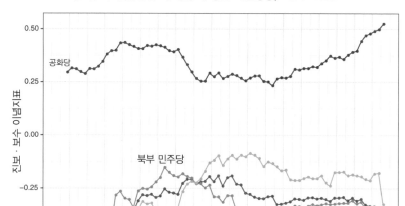

〈그림 5〉 연방상원 각 정당의 평균 이념성향, 1879-2022

출처: Poole, Rosenthal & Lewis, Voteview (https://voteview.com/articles/party_polarization)

진보적으로 변화했다는 점을 알 수 있다.

시간을 거슬러 민주·공화 양당체제가 시작된 19세기 후반으로 가보자. 당시는 남북전쟁에서 노예제 폐지를 주장한 공화당이 우세했던 북부가 승리한 이후였다. 하지만 여전히 흑인들은 남부의 대농장에서 일하고 있었고, 남부 백인들은 백인우월주의를 주장하던 민주당을 지지하고 있었다. 물론 북부지역에도 민주당의 기반은 있었는데, 주로 유럽 출신의 가난한 이민자들의 지지를 바탕으로 하고 있었다.

이러한 배경 때문에 공화당과 민주당은 완전히 다른 정당이었다. 북부지역에서는 기업과 중소상인의 이해관계를 공화당이 대변하고, 이민자와 노동자들의 이해관계를 민주당이 대변해서 그 대립과 충돌이 컸다. 남부지역에서는 흑인들에게 투표권을 실질적으로 보장하지 않으면서 백인들의 민주당이 일당독재를 펴고 있었다. 당연히 남북 각각 민주당과 공화당의 정책적 입장차이가 컸다. 그래서 〈그림 5〉에서 보듯, 19세기 말의 정당 양극화 수준은 매우 높았다.

1920년대 대공황을 시발점으로 변화가 시작됐다. 경제가 어려워졌고, 주정부의 독자적인 노력만으로는 극복이 되지 않았다. 이에 미국인들이 연방정부의 역할을 요구하기 시작했다. 때마침 연방정부는 연방소득세를 1913년 헌법개정으로 통과시켜서, 세금을 거두고 돈을 쓸 수 있게 되었다. 그래서 이전까지 전혀 다른 정당처럼 작동하던 북부와 남부의 민주당을 프랭클린 루스벨트 대통령이 '뉴딜연합'으로 단결시켰다. 각각의 지지 기반이 겪고 있는 큰 고통을 연방정부의 지출을 통해 해결하고자 힘을 합친 것이다. 인종문제를 언급하지 않는다는 조건이었는데, 이 약속이 항상 지켜지지 않았고 그럴 때마다 남부 민주당은 공화당과 연대해서 북부 민주당의 정책 어젠다를 방해했다. 결과적으로 지표상으로는 정당 양극화가 완화되었고, 〈그림 5〉에서 보듯, 민주·공화 사이의 간격이 줄었다.

그러던 와중 1960년대에 흑인에게 투표권을 주기 위한 민권운동을 거치면서 민주당이 남부를 포기하고 이념적으로 진보임을 명확히 했다. 물론, 그 기저에는 뉴딜연합을 거치면서 북부와 중서부 지역에서 민주당의 세가 확산되어 남부 민주당의 도움 없이도 의회에서 다수당을 차지할 수 있을 정도가 된 점도 중요했다.

새로 투표를 할 수 있게 된 남부의 흑인들은 링컨의 공화당을 떠나 민주당을 지지했고, 남부 민주당 정치인들은 딜레마에 빠졌다. 계속 민주당 깃발로 당선되려면 흑인들의 이해관계를 대변하는 등 진보적인 입장을 명확히 해야 했기 때문이다. 이에 바뀐 민주당의 이념에 맞출 수 있는 정치인들(예를 들면, 흑인 정치인들)은 민주당에 남고, 보수적인 정치인들은 공화당으로 떠났다. 그 결과 가끔 공화당과 같은 입장을 취하던 남부 민주당 정치인들은 사라지고, 민주당이 보다 선명한 진보로 탈바꿈했다. 〈그림 5〉에서 민권법이 통과된 1967년 이후 남부 민주당의 움직임을 확인할 수 있다.

공화당도 가만히 있지는 않았다. 1968년 대선에서 닉슨 대통령이 남부의 백인 표를 공략하기 위한 '남부전략'을 본격적으로 도입하였다. 또 1980년 레이건 대통령은 선거운동 과정에서 인종문제를 건드리며 남부 백인들의 지지를 받기 위해 노력했다. 아울러 기독교와 공화당이 연대하면서 낙태 등 사회·문화적인 이슈들부터 작은 정부를 표방한 경제 이슈까지 선명한 보수의 색채를 강화해 갔다. 거기에 1990년대 뉴트 깅그리치(소수당 원내대표 시절부터 시작하여 하원의장 때까지 꾸준히)를 필두로 의회 내 공화당 지도부가 의원들의 내부 단결을 강화하면서 민주당과의 차별점도 부각시켰다. 그림 5에서 1970년 말 이후 공화당이 급격히 보수화되는 모습을 확인할 수 있다.

2. 정당 양극화의 원인은 무엇인가?

정당 양극화는 하나의 원인으로 발생하지 않았다. 흑인의 투표권 획득과 남부 정치의 변화가 큰 기폭제가 된 것은 분명하나—미국 정치학자들은 이를 정당 지지기반의 '재정렬realignment'이라고 이론화했다—정치제도의 영향도 무시할 수 없다.

가장 중요한 것은 선거구 획정과 당내경선 제도이다. 대부분의 주의회는 10년에 한 번씩 있는 선거구 획정을 주의회 다수당에 유리한 방향으로 해왔다. 동시에 개별 선거구 입장에서는 한 정당의 후보가 특별한 일이 없는 한 계속 당선될 수 있도록 편파적인 선거구를 만들었다. 그 결과 대부분의 후보들은 11월 본선거에 투표하는 전체 유권자들에게 어필하기보다 연초 당내경선에 참여하는 유권자들의 이해관계에 더 관심을 가지게 되었다.

그런데 당내경선에 참여하는 사람들은 전체 유권자들보다 교육수준과 소득수준이 높고 '정당일체감'도 훨씬 강한 편이다. 또한 민주당 경선의 유권자들은 보통의 민주당 지지자들보다 더 진보적이며, 공화당 경선의 유권자들은 보통의 공화당 지지자들보다 더 보수적이다. 따라서 민주·공화 양당의 후보들은 이념적으로 보다 극단적인 방향에 있을 확률이 높고, 이들은 당선 후 양당의 정책적 간극을 더 벌어지게 만든다.

실제 미국 정치학자들의 연구에서도 이러한 패턴을 관찰할 수 있다. 누구든지 참여할 수 있는 오픈 프라이머리에 비해서 당원에게만 투표권이 있는 프라이머리의 유권자들은 이념적으로 더 극단적이라고 알려져 있다.[20] 또 이념적으로 온건한 주의회 의원들은 연방의회에 잘 도전하지 않은 경향도 있다.[21] 그래서 선거에서 한 정당의 의원이 다른 정당의 의원으로 교체될 때, 이념적으로 극단적인 '점프'를 하는 것처럼 보인다.[22] 이 모두 선거구 획정과 당내경선 제도로 인해 실제보다 더

---

20 Karen M. Kaufmann, James G. Gimpel and Adam H. Hoffman. 2003. "A Promise Fulfilled? Open Primaries and Presentation." *Journal of Politics* 65(3): 457-476.

21 Danielle M. Thomsen. 2017. *Opting Out of Congress: Partisan Polarization and the Decline of Moderate Candidates*. New York: Cambridge University Press.

22 Joseph Bafumi and Michael C. Herron. 2010. "Leapfrog Representation and Extremism: A Study of American Voters and Their Members in Congress." *American Political Science Review* 104(3): 519-542.

과도한 정당 양극화가 발생한다는 사실을 보여주고 있다.

정치자금제도도 문제이다. 미국은 일반적으로 선거운동과 정치자금에 대해 제한이 거의 없는 데다가, 2010년에는 연방대법원이 "정치자금의 기부도 개인 의사표현의 자유에 해당하는 헌법상의 권리이다"라고 판결을 했다. 당연히 부자들과 조직화된 단체들이 정치인들에게 더 많은 영향력을 행사할 수밖에 없다. 더구나 최근에는 독립지출이 천문학적으로 증가하면서 더 극단적이고 강한 메시지가 선거광고를 통해 일반 유권자들에게 전달되고 있다. 결과적으로 후보와 유권자 모두 이념적으로 극단적인 방향으로 변하고 정당 양극화는 가속화된다.

마지막으로 언론의 역할도 크다. 세계 어디나 마찬가지이지만, 지난 수십 년간의 기술발전으로 미국도 기존의 래거시 미디어의 영향력이 급격히 낮아졌다. 사람들은 더이상 텔레비전과 신문의 뉴스에만 의존하지 않고 능동적으로 정치와 관련된 정보를 습득하고 있다. 1990년대 러시 림보Rush Limbaugh를 필두로 보수 성향 정치 라디오 방송과 1996년 개국한 폭스뉴스는 보수 성향 유권자들의 보수화를 더욱 가속화했다. 연구에 의하면 폭스뉴스를 1주일에 단 2.5분만 더 시청해도 공화당 대선 후보의 득표율이 0.3퍼센트포인트 올라간다고 한다.[23] 특히 케이블 뉴스 채널과 인터넷의 다양한 매체들은 도저히 따라갈 수 없을 정도로 뉴스와 정보를 만들어내고 있으며, 이러한 정보의 홍수는 특이한 패턴을 만들었다. 시민들이 직접 뉴스의 소스를 취사선택할 때 자신들의 정치적, 이념적 성향을 고려하는 것이다. 진보적인 사람들은 진보적인 매체만 보고 보수적인 사람들은 보수적인 매체만 보는 것이다. 당연히

---

23 Gregory J. Martin and Ali Yurukoglu. 2017. "Bias in Cable News: Persuasion and Polarization." *American Economic Review* 107(9): 2565-2599.

편향된 정보를 접할 확률이 높아지고, 이는 정당 양극화를 확산시키는 방향으로 작동한다.

3. 정당 양극화의 현재: 감정적 양극화

정당 양극화의 원인이 무엇이든 상관없이, 현재의 양극화 수준은 미국 민주주의의 위기를 걱정할 정도이다. 가장 쉽게 떠올릴 수 있는 문제점은 정책 수립과정에서 타협과 조정의 정치가 사라진 것이다. 민주·공화 양당의 정치인들은 모두 자신의 지지자들만 만족시키는 대안으로도 충분하다. 왜냐하면 한 정당이 아무리 훌륭한 정책을 제시하더라도 반대당 지지자들은 그것을 받아들이지 않기 때문이다. 예를 들어, 바이든 대통령이 불법이민문제를 해결할 수 있는 훌륭한 정책을 제시하더라도 공화당 지지자들을 설득할 수는 없다. 반대로 공화당 하원이 인종 및 빈곤문제를 해결할 수 있는 묘안을 주장하더라도 민주당 지지자들은 결코 이를 지지할 의사가 없다. 따라서 정당 양극화는 보다 포용적인 정책을 제시할 인센티브를 없애고 정치인들이 본인의 지지자들에게만 집중하도록 하는 협소함을 야기시켰다.

기후변화에 대한 정책을 보자. 1990년대만 하더라도 민주당과 공화당 정치인들 사이에 이 문제에 대한 큰 이견이 없었다. 과학적인 연구를 통해 기후변화를 막을 수 있는 방안을 강구하는 것이 연방정부의 중요한 책무라고 생각했다. 하지만 2020년 퓨리서치센터의 여론조사에 따르면, 78퍼센트의 민주당 지지자들은 기후변화에 대처할 정책을 연방정부가 수립해야 한다고 믿지만, 이 견해를 공감하는 공화당 지지자들은 고작

21퍼센트에 불과하다.

이뿐만이 아니다. 두 정당의 지지자들이 관심을 가지는 이슈도 판이하게 다르다. 민주당 지지자들은 건강보험과 총기규제에 더 많은 관심을 보이는 반면, 공화당 지지자들은 이민정책과 경제정책을 더 강조한다. 따라서 어느 정당이 의회의 다수당인지, 또는 대통령이 어느 정당 소속인지에 따라 연방정부의 정책 우선순위가 널뛰듯 바뀐다. 당연히 정책 연속성은 떨어질 수밖에 없고, 장기적인 미래 비전보다 단기적인 이해득실이 더 중요해졌다.

더 심각한 문제는 정당 양극화가 '감정적 양극화affective polarization'로 발전한 것이다. 한 정당을 지지하는 사람이 상대 정당 지지자를 싫어하고 믿지 못하는 현상을 일컫는 개념인데, 단순히 정책적 차이를 넘어서 심리적·감정적 적대관계로 발전한 것이다. 특히 상대방을 '위선적'이고 '이기적'이며 '속 좁고 완고하다'고 생각하면서 일상적인 사회생활까지도 같이 하길 꺼린다. 친구관계와 결혼, 심지어 거주지역 및 직장 선택까지도 같은 정당을 지지하는 사람들과 하길 원하게 되었다.

최근에는 감정적 양극화가 더 심해져서 객관적인 사실에 대한 해석조차도 자기 정당이 선호하는 방향에 부합하게 왜곡시키는 지경에 이르렀다. 불리한 증거는 외면하고 유리한 증거만을 보는 '확증편향'도 강화되며, 가짜뉴스에도 너무나 쉽게 현혹된다.

코로나19 유행이 막 시작했을 때, 트럼프 대통령은 행정명령을 통해서 주택 강제퇴거 중단을 실시하고 실업수당 연장을 결정했는데, 민주당 지지자들에게는 트럼프는 여전히 저소득층 유권자를 털끝만큼도 생각하지 않는 욕심쟁이일 뿐이었다. 경찰에게 흑인이 억울한 죽임을 당하고 10대 청소년이 반자동 소총으로 시위대 2명을 쏘아 죽여도, 공화당 지지자들에게는 깨진 유리창과 물건을 훔치는 광란의 무질서가 훨씬 눈에 거슬린다.

4. 정당 양극화 시대: 공화당의 미래

2020년 대선에서 민주당 바이든 후보가 승리하자, 두 달 후 트럼프 지지자들이 연방의회에 난입했고 민주당은 일주일 후 연방하원에서 트럼프 대통령 탄핵안을 통과시켰다. 2년이 지나 2022년 중간선거에서는 공화당이 압승할 것이라는 예상을 뒤집고 하원에서만 간신히 다수당을 차지했다. 공화당의 앞날이 풍전등화다.

위기에 처한 공화당에 3가지 미래상이 제시된다. 첫째는 '헌법적 질서'를 무너뜨린 극우세력으로부터 전통적 보수를 구하고 '합리적' 보수로 돌아가자는 주장이다. 공화당 지지자의 40퍼센트 정도가 2020년에 선거부정이 있었다고 아직까지 믿고 있는데, 이들을 설득해서 포스트 트럼프 시대를 열어야 한다는 것이다.

하지만 현재까지의 상황은 이 주장에 그리 우호적이지 않다. 2021년 초 연방하원에서 트럼프 대통령 탄핵안을 표결할 때 찬성한 공화당 의원은 고작 10명뿐이었고, 이들은 이듬해 중간선거 당내경선에서 큰 고역을 치렀다. 그 결과 2022년 중간선거에서 트럼프의 선거부정론에 동조한 후보가 180명 가까이 당선되었다. 새로이 하원의장이 된 캐빈 매카시 의원도 친트럼프계였으며, 상원에서는 테드 크루즈 의원과 조시 하울리 의원 등이 트럼프의 후계자로 부상했다.

그래서 일각에서는 트럼프 정책 중 '바람직한' 것들 위주로 발전시켜 공화당의 체질 개선을 도모하자고 주장한다. 인종차별주의는 거부하되, 중하층 미국인들을 공략한 경제정책은 계승해야 한다는 것이다. 소위 '보수적 포퓰리즘conservative populism'이라고 불리는데, 공화당의 미래를 바라보는 두 번째 시각이다.

사실 트럼프가 대통령으로 재임하던 4년은 공화당의 미래에 큰 교훈을 던져주었다. 가장 중요한 것은 공화당 지지자들이라고 해서 반드시 전통적 보수주의 경제철학을 신봉하지는 않는다는 점이다. 트럼프는 시장자유주의와 자유무역의 가치를 믿는 이데올로기를 거부했고, 재정균형을 추구하지도 않았다. 그럼에도 불구하고 공화당 지지는 오히려 증가했다. 또 트럼프는 새로운 포퓰리즘을 만들어낼 수 있다는 것도 보여줬다. 거짓말이 섞여 있어도 통했고, 정책적으로 그다지 성공하지 않아도 통했다.

공화당 출신 전임 대통령들을 살펴보아도 유사한 점이 눈에 띈다. 레이건, 아버지와 아들 부시 모두 대통령이 된 이후의 경제정책은 의회 내 공화당보다 항상 '좌'측에 위치했었다. 표면적으로는 재정건전성을 내세웠지만, 이들 공화당 출신 대통령 하에서 정부 재정적자가 불어난 것도 주지의 사실이다. 부자들만의 정당이라는 이미지에서 벗어날 토양이 전혀 없는 것도 아니다.

오히려 저소득층 노동자를 공략해서 공화당의 새로운 지지기반으로 영구히 끌어들일 수도 있다. 2020년 선거에서 흑인과 히스패닉의 트럼프와 공화당 지지율이 유의미하게 증가한 사실을 주목해야 한다. 앞으로 공화당이 경제적 불평등문제를 심각하게 인식하고 세금감면 일색의 과거 전략에서 벗어난다면 충분히 가능한 이야기다. 이에 '큰 정부big government'처럼 보이지는 않지만 일반국민들에게는 '큰 혜택big cash'으로 느껴질 수 있는 정책을 개발하자는 공화당 내부의 움직임은 그냥 흘려보내기 힘든 뉴스다.

　세 번째 미래상은 선거 부정과 같은 극우 세력에 대한 태도를 모호하게 가져가면서, 트럼프가 강조했던 인종과 문화적인 이슈에 보다 집중하는 것이다. 트럼프 대통령 시절의 상대적으로 중도적인 경제정책보다 인종과 문화정책을 계승하자는 입장이다. 트럼프의 대항마로 급성장한 디샌티스 플로리다 주지사가 이러한 흐름을 대표한다. 특히 이들은 비판적 인종이론critical race theory과 LGBTQ 관련 의제를 전면에 내세우면서 문화적인 이슈에서 진보적 성향을 띠는 기업이나 대학에 적대적인 정책을 입법하는 것에 집중하고 있다.

　물론, 극복이 쉽지 않은 이슈들도 있다. 의회난입 사건으로 망가진 '법과 질서'의 정당 이미지를 빨리 회복해야 할 것이다. 인종을 직접적인 타깃으로 공격해 온 선거전략도 수정해야 한다. 트럼프의 공과를 함께 물려받은 공화당이 어떤 길로 나아갈지 어느 때보다 관심이 가는 시기다.

5. 정당 양극화 시대: 민주당의 미래

2020년 트럼프의 대선 패배, 2022년 기대 이하인 공화당의 중간선거 성적표, 그리고 트럼프의 영향력 약화 등등, 많은 이들이 공화당의 위기를 이야기한다. 그렇다면 민주당은 지금 괜찮은가?

　2016년 트럼프의 등장과 승리를 가능하게 한 것은 역설적으로 오바마 때문이었다. 2008년 오바마 대통령과 민주당은 포퓰리즘의 요구를 수용하며 큰 변화를 이끌 것이라는 기대를 안고 출발했었다. 하지만 경제위기의 책임을 아무에게도 묻지 않았고, 의료비용이 증가하면서 실질소득의 증가폭은 크게 둔화했다. 인종차별에 대한 정책적 대안이 부족했으며, 경제 불평등문제의 본질적 해결을 시도하지도 않았다. 오히려, 다양성을 강조하는 레토릭과 고학력 전문직이 이끄는 민주당 이미지 때문에 일반국민들의 반감만 더 커졌다.

2020년 바이든 대통령의 당선도 간신히 이룬 것이다. 트럼프의 수차례 실책과 코로나 위기에도 불구하고 말이다. 오히려 대선 이외의 선거는 승리로 보기 힘든 정도다. 당시 연방하원은 27개 격전지 모두 민주당이 패배했고, 현역의원 낙선도 민주당 13명 대 공화당 0명이었다. 연방상원은 격전지 14개 중 6개만 민주당이 승리했었다. 그러니 2년 후 바이든 대통령의 국정지지도는 크게 하락했고, 중간선거로 공화당에게 하원 다수당을 내주었다.

민주당이 직면한 가장 큰 도전은 농촌지역과 백인 저학력 유권자의 지지율이 계속 떨어지고 있다는 점이다. 민주당은 지난 30년간 대선에서 2004년 단 한 번을 제외하곤 모두 전국 득표율에서는 승리할 정도로 안정적 다수를 유지하고 있다. 그러나 문제는 미국의 정치제도가 인구가 적은 주와 농촌지역을 과대 대표하도록 설계되어 있다는 점이다. 따라서 백인 저학력 유권자들이 집중적으로 살고 있는 작은 주들과 농촌지역에서 민주당이 계속 패배한다면, 상원은 물론이거니와 대선에서 전국 득표는 이기지만 선거인단에서 지는 사례가 반복될 수 있다.

주정부들의 움직임도 이런 흐름을 가속화할 수 있다. 메릴랜드대학교 연구진에 따르면, 연방정부를 하나의 정당이 장악하고 있을 경우, 반대 정당이 권력을 잡고 있는 주의 정책이 훨씬 더 많이 반대 정당 쪽으로 바뀐다고 한다.[24] 연방정부의 정책 변화 가능성에 대한 두려움 때문이라는데, 트럼프 대통령 시절에도 상당수의 주에서 진보적인 정책을 독자적으로 추진했었다. 민주당 바이든 행정부 아래에서는 공화당이 장악하고 있는 주를 중심으로 투표권 제한, 이민정책, 그리고 낙태정책에 중요한 변화가 일어나고 있다. 28개도 넘는 주의회에서는 투표권을 제한하려고 100여 개 법안이 통과 또는 검토되고 있다. 유권자 등록과 우편투표의 접근성을 낮추고 신분증 제시 의무를 강화하는 내용들인데, 민주당에 불리한 방향이다. 또 불법이민자 추방을 유예하는 대통령 행정명령이 텍사스주의 소송 승리로 스톱 상태이다. 설상가상 낙태문제는 연방대법원까지 올라가 보수적인 방향으로 결론이 났다.

민주당이 공화당에 대한 반감을 이용하여 지지자들을 동원하는 방식으로 선거를 이기는 상황이 언제까지 지속 가능할지도 의문이다. 한 연구에 따르면, 이전에 투표를 하지 않았던 유권자가 2020년 대선에 참여한 경우 '내 표로 결과를 바꿀 수 있다'는 생각이 가장 큰 동기였다고 한다.25 그런데 이러한 심리적 요인은 쉽게 실망으로 바뀌기도 한다. 내가 뽑은 정치인들에 대한 기대가 지나치게 높아져서 원하는 변화가 일어나지 않으면 다시 투표하러 나가지 않기 때문이다.

이런 이유로 일각에서는 민주당도 변화해야 살아남을 수 있다고 주장한다. 트럼프와 공화당에 대한 비난 일변도에서 빨리 벗어나 지역정당조직을 튼튼하게 재정비하고, 주와 지방정부 차원에서 국민들에게 실질적인 도움이 되는 정책에 집중해야 한다는 것이다. 2020년 공화당에서 민

---

24 Nicholas S. Miras and Stella M. Rouse. 2021. "Partisan Misalignment and the Counter-Partisan Response: How National Politics Conditions Majority-Party Policymaking in the American States." *British Journal of Political Science* 52(2): 573-592

25 Lee Drutman. 2021. "The high turnout in 2020 wasn't good for American democracy." *Washington Post*, *Monkey Cage* (February 10)

주당으로 바뀐 애리조나와 조지아의 민주당이 지난 10여 년간 이러한 변화를 추진해서 성공한 예이다. 민주당 앞에 꽃길만 있지는 않아 보인다.

더 읽을 자료

- 에즈라 클라인 저. 황성역 역. 2022.《우리는 왜 서로를 미워하는가: 편가르기 시대 휘둘리지 않는 유권자를 위한 정당정치 안내서》월북 ─ 정당 양극화의 심리학적 원리를 중심으로 종합적이고 쉽게 설명한 책
- 미국정치연구회 편. 2008.《미국정치의 분열과 통합》오름 ─ 2000년대 초반 미국의 정당 양극화를 다양한 시각으로 접근한 책

정치 양극화 시대의 의회는 어떻게 운영되는가?

어느 나라의 정치제도나 다 그러하지만, 미국도 시대의 변화에 따라 그 역할과 작동 방식, 그리고 이를 둘러싼 정치가 역동적으로 움직여왔다. 연방의회는 항상 그 중심에 있었는데, 특히 최근 정당 양극화의 심화에 따라 큰 변화가 감지되고 있다.

1. 미국 의회는 뭐가 특별한가?

미국 연방의회는 상원과 하원으로 나뉘어진 양원제이다. 그리고 이것은 헌법을 만들 때의 다양한 이해관계가 반영된 제도이다. 18세기 영국으로부터 독립하기 전에 있었던 13개의 식민지 정부는 역사적·경제적 배경이 너무나 달랐다. 북부는 대개 유럽과의 무역이나 노동력이 필요한 공장이 주요 산업이었다. 당연히 인구가 많을 수밖에 없었다. 그에 비해 남부는 농업이 중요했고, 아프리카에서 데리고 온 노예들에게 의지하는 대농장이 많았다. 그래서 의회 제도를 만들 때 다른 나라에서 하듯 지역 구별 인구가 비슷하게 하자는 요구는 인구가 많은 북부의 주장이었고, 남부는 각 주별로 같은 숫자의 의원을 배정하기를 원했다. 타협책으로 나온 것이 양원제였다.

19세기 말까지는 연방의회가 지금처럼 자주 모이지도 않았거니와, 연방정부의 법적·정책적 권한을 매우 제한적으로 해석한 연방대법원의 판결 때문에 의회정치는 비교적 단순했다. 하지만 20세기 연방정부의 기능이 확대되고, 최근 정당 양극화와 맞물려 매우 다양한 모습이 주목을 받고 있다. 이를 이해하기 위해 두 가지 사례를 살펴보자.

2020년 바이든 대통령이 당선되면서 연방상원과 하원 모두 민주당이 다수당을 차지했었다. 이른바 '여대야소'가 탄생한 것이다. 한국의 경험에 비추어 보면, 대통령과 여당의 국정동력이 커지고, 정권교체에 따른 큰 변화를 예상할 수 있었다. 하지만 많은 이들의 기대와는 달리 바이든 대통령과 민주당이 추진하는 정책은 그리 쉽게 현실화되지 못했다.

역사적으로 보았을 때도, 미국에서 '여대야소'와 '여소야대'의 입법실적은 크게 다르지 않다. 최근의 사례만 보면, 1985부터 2018년까지 법안통과율은 57퍼센트와 51퍼센트로 비슷하다. 일반적으로 법안이 초당적 지지로 통과되거나 아예 통과되지 않거나 둘 중 하나인 경우가 대부분이었기 때문이다. 10퍼센트 미만의 소수당 의원만 반대하여 통과된 초당적 법안의 비율은 하원이 90퍼센트, 상원은 95퍼센트를 훌쩍 넘겼고, 몇몇 소수당 의원이 다수당 쪽에 가담해서 법안을 통과시킨 경우는 극히 드물었다.

다른 사례도 보자. 2022년 11월 중간선거에서 하원 다수당을 차지한 공화당은 이듬해 1월 초 의회를 개회한 이후 하원의장을 선출하는 과정에서 커다란 우여곡절을 겪었다. 총 15번의 투표를 거쳤는데, 19세기 중반 남북전쟁 이후 양당제가 정착한 이래 표결을 가장 많이 한 것이다. 프리덤 코커스를 중심으로 한 소수 극우분파의 반란이라는 평이 많았는데, 그들은 다른 것도 아니고 하원의장 자리에 매우 집착했었다.

2. 연방상원의 운영방식: 필리버스터와 클로처

바이든 대통령과 여대야소의 의회가 2020년 선거 승리 이후 큰 정책성과를 내지 못했던 가장 큰 이유는 연방상원의 필리버스터filibuster 제도 때문이다. 한국 국회에서 '무제한 토론'의 의미로 사용되고 있기는 하지만 미국 연방상원에서 통용되는 필리버스터는 안건의 투표를 방해하는 모든 종류의 의사진행 방해행위를 말한다.

먼저, 의사규칙 상으로 모든 상원의원들은 주제와 시간의 제약 없이 본회의 연단에서 발언할 수 있는 권리가 있다. 정책과 법안에 대한 찬반토론을 하기도 하지만 그냥 시간을 때우는 것이 더 일반적이다. 유권자들과 주고받았던 대화를 소개하거나 성경 또는 헌법을 읽는 의원도 부지기수이다. 아이다호 출신 의원은 그 주에서 가장 많이 나는 감자로 할수 있는 요리 레시피 책을 읽기도 했다. 또 1957년 사우스캐롤라이나 출신 서몬드 의원은 24시간 18분 동안 미국 역사상 가장 길었던 필리버스터 연설을 했는데, 흑인의 투표권을 보장하기 위한 민권법안을 반대하기 위해서였다.

또 아무런 의미도 없고 과반수 찬성도 힘든 수정안을 제안하기도 한다. 물론, 이러한 제안은 투표를 통해서 부결된다. 가끔은 회의 도중에 의사정족수를 체크하자고 한다든가 정회를 요구하기도 하고, 의회회기 중단이나 의회해산 요구도 있다. 이것들도 당연히 다 부결된다. 하지만 전자투표제도가 없는 상원에서는 이런 어이없는 요구들을 부결시키기 위해 각각의 경우마다 약 20분 넘게 걸리는 호명투표를 해야 하기 때문에, 이를 통해 시간을 허비하기 위한 꼼수인 것이다.

미국이 건국된 후 초창기 상원에서는 필리버스터가 거의 없었다. 13개 주에서 각 2명씩 선출되니 총 26명이 본회의를 한 셈이고, 굳이 의사규칙을 만들어 의원들의 발언을 중간에 그만두게 할 필요가 없었다. 1813년에 이미 180명이 넘는 의원이 있었던 하원에서 의원의 본회의 발언권을 다수결로 제한할 수 있도록 의사규칙을 만들었던 것과 대비된다. 많은 이들이 상원과 하원의 이러한 차이가 헌법에 규정된 것이라고 오해하고 있는데, 19세기를 거치면서 역사적으로 만들어졌을 뿐이다.

19세기 말로 가면서 상원의원 수가 크게 늘었고 1913년 국민들이 직접 상원의원을 뽑도록 헌법이 개정되면서, 소수당이 의사진행을 조직적으로 방해하기 위해 필리버스터를 활용하기 시작했다. 당연히 며칠이 넘게 아무 일도 할 수 없었던 다수당은 1917년 마침내 '클로처cloture' 제도를 만들었다. 재적의원의 2/3가 찬성하면 본회의에서의 토론이 1인당 1시간씩 총 30시간으로 제한되고 수정안 제출도 극히 예외적으로만 허용된다. 물론, 2/3의 찬성은 쉬운 일이 아니었고, 클로처가 실패하는 경우가 더 흔했다. 그래서 1974년 선거에서 61석을 얻은 민주당은 이러한 불만을 반영하여 재적의원의 3/5(즉 60명)으로 클로처 조건을 낮췄다.

원래는 필리버스터가 너무 심한 경우에만 클로처를 사용했었다. 하지만 최근에는 필리버스터가 예상되는 안건은 이를 상정하기도 전에 먼저 클로처 투표를 해서 의사진행방해를 사전에 차단하고 있다. 1960년대만 하더라도 연평균 2.8건의 클로처 투표가 있었지만, 2000년대에는 연평균 47.7회, 2010년대에는 연평균 102.4회로 급격히 늘었다. 당시 상원 소수당이던 공화당이 전략적이고 조직적으로 필리버스터를 악용했기 때문인데, 민주당도 소수당이 되면 그 전략을 똑같이 답습했었다. 때문에 이제 상원에서는 법안의 통과를 위해서는 60명의 찬성이 필요한 클로처 통과가 필수코스처럼 되어버렸다. 법안 자체를 통과시키려면 단순 과반수만 있으면 되지만, 법안에 대한 투표를 하기 위해서는 60명의 찬성이 필요하기 때문이다.

제도의 원래 의미가 크게 바뀌면서 개혁에 대한 요구도 생겼다. 크게 두 가지 주장이 있다. 첫째, 클로처 통과를 위한 의원 수를 60명에서 현저히 낮추자는 주장이다. 최근 수십 년 동안 상원 다수당이 60석 이상을 차지한 적이 거의 없었기 때문에 현재의 기준은 너무 높다는 것이 이유다. 사실 클로처는 처음 도입 이후 몇 번 그 기준을 낮춘 선례가 있다. 또한 2013년과 2017년 두 번에 걸쳐서 대통령이 지명한 인사에 대한 임명동의안은 50명의 찬성으로 클로처를 통과할 수 있게 바꾼 일도 있다.

둘째, 필리버스터 자체를 허용하지 않는 안건의 종류나 범위를 확대하자는 주장이다. 현재 세입과 세출의 전체 규모를 정하는 예산안budget bill과 구체적인 정책별로 금액을 조정하는 예산조정안reconciliation에 대해서는 토론의 시간과 내용을 매우 제한하고 있어서 클로처 제도가 필요 없다. 과거 공화당의 세금감면안이나 민주당의 의료보험개혁 최종법안이 이 방식으로 필리버스터를 피했었다. 다만, 예산과 관련된 특정 경우에만 국한되고, 1년에 사용할 수 있는 횟수에도 제한이 있어서 이를 좀 더 유연하게 바꾸자는 요구이다.

정치가 양극화되면서 많은 제도들이 원래의 의미를 잃어가고 있다. 토론을 충분히 하게 하고 반대 진영의 의사를 강하게 알릴 수 있는 필리버스터도 이제 정당 양극화의 무기가 되어버렸다.

3. 연방하원의 운영방식: 하원의장의 권력독점

2023년 1월 7일 새벽 공화당 캐빈 매카시 의원이 하원의장으로 선출되는 과정은 일종의 드라마였다. 19-20명 정도의 극우분파가 반란을 일으켰는데, 그들은 하원의장 자리에 왜 이리 집착했을까? 하원의장의 권한을 살펴보면 알 수 있다.

우선, 많은 유럽 국가나 한국의 의회와 달리 미국의 하원의장은 정당의 지도자이다. 일반적으로 다수당 원내대표가 의장으로 선출되어왔기 때문이다. 거기에다가 대통령 유고 시 승계 2순위라는 점 이외에도 하원의 특징을 규정지을 정도로 중요한 권한을 가지고 있고, 이를 다수당의 이익을 위해 적극 사용하고 있다.

그 첫 번째 권한은 본회의에서 누가 발언할지 마음대로 정할 수 있다power of recognition는 것이다. 상원에서는 누구에게나 발언 기회가 주어지고 그 내용과 길이의 제한이 없지만(그래서 필리버스터가 언제나 가능하다), 하원에서는 의장이 의도적이고 전략적으로 몇몇 의원들에게만 말할 기회를 준다. 그래서 미리 하원의장과 다수당 지도부가 짜놓은 각본에 따라서 본회의가 진행된다.

거기에다가 어떤 법안을 상정하여 어떻게 통과시킬 것인지도 하원의장이 정할 수 있다. 구체적으로는 '특별규칙special rules'을 통하는데, 이것은 본회의에서 항상 적용되는 상설규칙standing rules과 달리 개별 법안 하나하나에 대한 의사규칙을 따로 정하는 것이다. 먼저 특정 법안이 상임위원회를 통과해 본회의에 부의되면, 규칙위원회Rules Committee에서 그 법안에 대한 토론규칙(법안 상정 시기와 발언시간 제한 등)과 수정안의 범위(수정 허용여부와 수정내용 등)를 결의안 형태로 작성해 본회의에 같이 보고한다. 이어 본회의에서는 먼저 이 특별규칙을 다수결로 통과시킨 후, 거기에서 정한 규칙대로 법안을 상정, 토론하고 통과시킨다.

그런데 특별규칙을 만드는 규칙위원회를 하원의장이 완벽히 장악하고 있다는 점이 포인트이다. 위원회를 다수당 9명과 소수당 4명으로 구성하는 것도 모자라, 다수당 9명의 의원 모두를 하원의장이 마음대로 임명할 수 있다. 대개 당론을 잘 따라왔던 의원들이 선택되고, 이들은 특별규칙의 구체적인 내용을 하원의장과 긴밀히 상의한다.

20세기 초중반 하원의장의 권한이 약했던 시기에는 수정안을 대폭 허용하는 특별규칙(open rule이라고 불림)이 많이 사용되었지만, 1970년대 이후 민주당 지도부의 권한이 강해지면서 수정안을 매우 제한적으로 허용하도록(modified closed rule이라고 불림) 변했다. 〈그림 6〉에서 알 수 있듯이, 특히 1990년대 공화당 깅그리치 하원의장은 수정안의 구체적인 내용까지 특별규칙에 첨부하는 등(structured rule이라고 불림) 매우 강한 권한을 행사했다. 현재는 정당에 상관없이 다수당이 자신이 원하는 방향대로 특별규칙을 만들어 하원을 운영하고 있는데, 이 때문에 미국 의회 연구자들은 '하원은 다수당의 무대'라고 말하며 '상원은 개별의원들의 무대'라는 점과 대비시킨다.

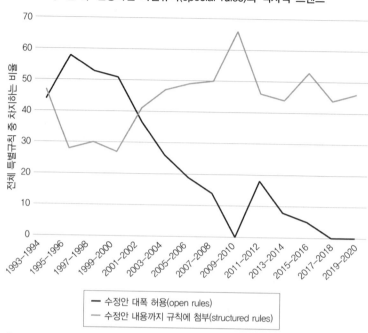

〈그림 6〉 연방하원 특별규칙(special rules)의 역사적 트렌드

y축: 전체 특별규칙 중 차지하는 비율

범례:
— 수정안 대폭 허용(open rules)
— 수정안 내용까지 규칙에 첨부(structured rules)

출처: Don Wolfensberger, Bipartisan Policy Center (https://bipartisanpolicy.org)

4. 정당 양극화 시대의 편법: 예산조정안제도

바이든 대통령의 중요한 정책이 의회를 통과할 때는 이전과는 다른 매우 특이한 형태를 띠었다. 2021년 인프라 확충 법안이 통과될 때 공화당과의 협상과정에서 법안 규모가 대폭 축소되고 몇몇 정책은 아예 법안에서 빠져 민주당 내부 진보분파의 불만이 컸었다. 그래서 인프라 확충 법안에서 빠진 것들과 바이든 행정부의 여러 사회정책을 합쳐서 '예산결의안' 형태로 상원을 통과시킨 이후 '예산조정안'에 그 내용을 담아서 이

듬해 통과시켰다.

'예산결의안budge resolution'은 추후 '예산조정안reconciliation'에 포함될 내용을 정하면서 각 상임위원회가 법안 형태로 입안할 것을 지시하는 결의안이다. 그런데 '예산결의안'과 '예산조정안'은 우리가 흔히 생각하는 예산안이 아니다. 예산이 필요한 정책을 상원의 필리버스터를 우회해서 통과시키기 위해 사용하는 일종의 '편법'이다.

미국 정부의 정규 예산안은 13개 상임위원회별로 나뉘어서 2단계로 처리된다. 정책별 승인authorization 과정을 먼저 거친 후 별도의 예산배정 (세출appropriation) 과정도 거쳐야 한다. 그런데 이 두 과정이 상원과 하원에서 각각 법안 통과의 형태를 띠어야 하기 때문에 정당, 상임위, 그리고 개별 의원들 사이의 협상과 조율이 필수적이다. 그래서 최종 통과된 세출 법안appropriations bill은 규모도 애초보다 커지게 되고 마감시한도 못 지키게 된다. 세출법안이 통과될 때까지의 기간에만 쓸 임시예산안continuing resolution과 이후 부족한 세출을 메꿔줄 추가경정예산안supplemental appropriations bill이 빈번히 사용되는 이유이다. 또 연방정부의 역할이 급격히 커진 1960년대 이후에는 재정적자도 더불어 눈덩이처럼 불어났다.

특히 재정적자는 유권자들에게 인기가 없어서 이를 줄이기 위한 방안도 생겨났다. 1974년 예산법을 제정했는데, 1차 예산결의안에서 정부 전체의 세입과 세출 규모를 정하면, 이를 바탕으로 각 상임위원회가 정책별 승인과정과 예산배정 과정을 진행하게 했다. 그리고 2차 예산결의안을 통해 세출법안의 삭감 규모를 정한 후, 예산조정안으로 최종 세출을 확정하도록 했다.

물론, 예산을 삭감하는 '조정' 과정이 쉽지 않았는데, 1980년 대선에서 민주당이 재정적자를 줄이겠다는 강한 의지를 표명하기 위해 1, 2차로 나뉘어진 예산결의안을 하나로 합친 후 전체 세출법안을 예산조정안의 형태로 통과시켰다. 이후, 예산조정안이 더 이상 '조정'된 예산안이 아니게 되었고, 개별정책의 승인, 예산배정, 그리고 예산조정까지 모두를 원샷으로 처리하는 법안이 되었다.

그 후 한동안은 연방예산이 보통 때 세출법안 형태로, 재정적자 감소가 특히 필요한 경우에(총 27번) 예산조정안이 추가되는 형식으로 통과되었다. 하지만 공화당이 1999년 감세를 추진하기 위해 예산조정안을 사용하기 시작하면서, 그 성격이 탈바꿈했다. 민주당이 결사반대하던 상황에서 예산결의안과 예산조정안은 필리버스터를 할 수 없도록 한 의사규칙을 이용한 것이다. 2017년까지 총 6번의 감세법안이 모두 예산조정안 형태로 통과했다.

민주당도 상원 다수당이 되었을 때 다르지 않았다. 2010년 오바마케어 최종법안을, 또 2021년 초 코로나19 대처법안을 이 방식으로 통과시켰다. 2022년 통과된 인플레 감축법안도 같은 맥락이다. 필리버스터가 정치 양극화의 무기가 되더니, 이 무기를 피해가려고 이제는 재정적자의 감소를 목적으로 고안된 '예산조정안' 제도까지도 악용되는 양상이다.

연방정부 부채한도 법안의 정치학

지난 10여 년 동안 매년 등장해서 민주·공화 양당 사이에 큰 갈등을 불러일으키고 있는 사안이 있다. 의회에서 연방정부의 부채한도를 늘리는 법안이다. 원칙적으로 연방정부가 꼭 하기로 한 재정지출은 세금 등을 통한 수입으로 충당해야 한다. 하지만 세수가 충분하지 않을 경우 재정적자가 발생하고, 돈을 빌리는 방식까지 동원해야 한다. 미국 연방정부의 경우, 헌법에서 세입과 세출의 모든 과정을 연방의회의 승인을 받도록 해놓았는데, 정부가 돈을 빌릴 때도 적용된다.

19세기까지는 재무부가 돈을 빌릴 때마다 연방의회의 승인을 받았는데, 그 번거로움을 피하고자 1917년에 연방정부가 돈을 빌릴 수 있는 한도만 법으로 정하고 나머지는 재무부에 위임했다. 아이젠하워 대통령 이후 모든 대통령이 재임기간 중 한 번 이상 연방정부 부채한도 인상 법안에 서명했고, 1959년 이후 연방의회는 총 87번 양당 합의로 법안을 통과시켰다.

그런데 최근 극심해진 정당 양극화와 맞물리면서 이 법안의 통과가 정쟁의 대상이 되었다. 바이든 대통령의 공약을 위해서 정부 지출을 늘렸으니, 민주당이 알아서 부채 문제를 해결해야 한다는 것이 공화당의 입장이다. 반면, 이미 공화당과 합의하에 통과시킨 법안을 위한 지출이 문제가 되는 것이니 과거의 선례대로 양당이 합의해서 처리해야 한다는 것이 민주당의 입장이다.

하지만 정작 문제의 본질은 선거를 위한 프레임 전쟁이다. 미국 국민들은 기본적으로 연방정부가 커지는 것을 탐탁치 않게 생각한다. 예를 들면, 바이든 행정부와 민주당 의회가 2021-22년 통과시켰던 천문학적인 규모의 경제 및 사회정책 관련 법안도 60퍼센트 넘는 국민들이 금액을 더 줄이거나 아예 통과시키지 말아야 했다고 생각한다. 여기에 더해 미국 전체 국내총생산GDP보다도 더 큰 3경 원 정도의 연방정부 부채한도를 또 더 늘리는 법안에 찬성한다면, "돈을 흥청망청 쓴다"는 공격을 받기 딱 좋은 모양새이다. 공화당은 민주당 주도로 처리하기를 유도한 이후 비난하는 전략을 쓸 계획이고, 민주당은 합의처리를 통해 '공범'이 되는 것이 목표이다.

더 읽을 자료

- Steven S. Smith, Jason M. Roberts and Ryan J. Vander Wielen. 2020. *The American Congress*. 10th edition. Lanham: Rowman & Littlefield. — 미국의 의회정치를 가장 체계적으로 설명한 대표적인 학부 교과서

- 손병권. 2018. 《미국 의회정치는 여전히 민주주의의 전형인가?》 오름 — 미국 의회정치의 전통과 최근 정당 양극화 이후의 변화에 대한 학술적 논의를 체계적으로 다룬 책

14장

보수 우위로 변화하는 연방대법원

2022년 중간선거는 원래 바이든 대통령의 낮은 인기와 인플레이션 때문에 공화당이 압승을 할 것이라는 예상이 많았다. 하지만 민주당이 크게 선전했고, 많은 이들은 그해 여름에 있었던 연방대법원의 낙태 판결이 민주당 지지자들을 결집시켰다고 보았다. 미국에서 연방대법원의 판결은 도대체 얼마나 중요하기에 전체 선거의 판도를 좌지우지할 정도인가?

1. 연방대법원은 왜 중요한가?

미국 연방대법원은 중요한 정책의 내용을 결정하는 정치적 행위자이다. 단순히 법의 심판자나 객관적 중재자가 아니다. 가장 큰 이유는 법전 중심의 대륙법 체계를 따르는 한국과 달리 미국은 판례 중심의 보통법 체계를 따르기 때문이다. 문서화된 법률도 중요하지만 개별 사건들 속에서 보편적인 법 원칙을 발견해 가는 것이 핵심인데, 이 과정에서 판사의 판결과 법 해석이 중요하다. 그리고 이것은 '판례' 또는 '선례'라는 이름으로 문서화된 법률과 동등한 위치에 있다. 따라서 가장 상위 법원이면서 헌법을 해석할 수 있는 권한도 가진 연방대법원은 실질적으로 법을 만드는 역할도 한다.

더 중요한 이유는 대법관들이 지금까지 정치적 이슈에 대해 자신들의 의견을 드러내는 데 적극적이었기 때문이다. 예를 들면, 남북전쟁이 끝난 1860년대에 흑인차별을 금지하고 투표권을 보장하도록 헌법까지 개정했지만, 연방대법원은 이후 100년 동안 흑인차별을 정당화하는 판결을 해왔다. 1876년에는 흑인의 투표권에 제한하는 남부 주의 법안들을 합헌이라고 했으며, 1896년에는 흑인에게도 공간이 주어진다면 공공장소에서 백인과 흑인을 분리시키는 것은 차별이 아니라는 어이없는 판결도 했다. 1954년 진보 성향의 대법원장이 들어서고 나서야 연방정부가 주정부의 인종차별을 시정할 수 있다고 명시했으며, 1967년에 비로소 인종이 다른 사람들끼리의 결혼을 금지시키는 법이 위헌이라고 선언했다.

이러한 이유 때문에 특정 정당이 자신들과 정치적 의견을 같이하는 대법관을 임명하여 대법원 전체의 이념적 균형을 한쪽으로 기울게 만들려는 시도가 빈번했다. 2016년 오바마 전 대통령이 당시 공석이 된 대법관 자리에 갈랜드 판사를 지명했으나, 대선 결과에 따라 임명해야 한다는 공화당의 방해로 1년간 대치하다가 실패한 적이 있었다. 그런데 2020년 선거 몇 주 전 긴스버그 대법관의 사망으로 공석이 된 자리는 트럼프 전 대통령과 공화당이 일사천리로 채워버려 큰 논란이 일었다.

또한 '법원 재구성court packing'이라는 방법도 있다. 현재의 대법관 구성이 마음에 들지 않으니 대법관 정원을 늘리면서 추가로 임명하는 것이다. 미국 건국 이후 100년 동안 총 7번이나 연방대법원의 대법관 숫자를 바꿨고, 현재의 9명 정원은 1869년에서야 생긴 것이다. 1930년대 뉴딜정책에 대해 연방대법원이 계속 위헌이라고 판결하자, 루스벨트 대통령은 5명의 대법관을 추가로 임명하려고 했다가 민주당 내부의 반대로 실패했던 사례도 있다. 또 2020년 대선에 승리한 민주당과 진보 진영은 연방대법원이 미국 시민들의 눈높이와 멀어져버렸다며 대법관 수를 늘려서라도 이념적 불균형을 바로잡아야 한다는 주장을 했었다.

2. 연방대법원 대법관 임명의 정치학

2022년 1월 말 연방대법원의 스티븐 브레이어 대법관이 은퇴한다는 발표를 했다. 당시 83세이던 그는 1994년 민주당 빌 클린턴 대통령에게 지명받았고, 대법관으로서는 진보주의자이면서도 온건하고 타협지향적이었다. 소수자 우대, 총기규제, 낙태 이슈에는 진보적이었지만, 형사범죄에는 강경한 판결을 해왔다.

사실 브레이어 대법관은 2020년 대선 이후 주위로부터 은퇴 압력을 상당히 받은 것으로 알려졌다. 진보적이었던 긴스버그 전 대법관이 트럼프 대통령 시절 갑작스럽게 사망하는 바람에 보수적인 배럿 대법관으로 교체된 것을 교훈으로 삼아야 한다는 것이다. 지난 역사를 살펴보더라도 연방대법관들은 대개 자신과 이념적인 성향이 비슷한 대통령이 재임하고 있을 때 은퇴했었고, 대통령도 새로운 대법관을 지명할 때 이념적 동질성을 중요한 기준으로 삼아왔다. 따라서 브레이어 대법관 입장에서, 바이든 대통령이 재선에 도전하기 전, 그리고 연방상원의 다수당이 민주당일 때 은퇴를 해야 새로운 진보 성향 대법관이 자신을 대신할 수 있으리라 생각했을 것이다.

2차 세계대전 이후 역사를 보면, 공화당 대통령은 임기당 평균 2번 연방대법관을 임명했는데, 민주당 대통령은 평균 1.5번이었다. 1969년 이후 지난 50년만 보면 공화당이 총 15명, 민주당이 총 5명의 대법관을 임명했다. 특히 트럼프 전 대통령은 자신의 임기 4년 동안 3명, 즉 대법관의 3분의 1을 바꿨다. 결과적으로 1950-60년대 가장 진보적이던 연방대법원이 서서히 보수적으로 바뀌었다. 요즘 진보적인 사람들이 "대통령과 의회 권력을 다 바꿔도 대법원 때문에 소용이 없다"고 한탄하는 것을 일견 이해할 수 있다.

그럼 앞으로의 미래는 어떠할까? 프린스턴대학 연구팀은 최근 시뮬레이션 연구를 통해 미래 연방대법원의 이념성향을 예상해 보았다.[26] 대법관의 은퇴 시기와 대통령의 지명 방식이 지금처럼 전략적이라고 가정하고, 대법관 은퇴와 대선 결과를 확률적으로 예측한 다음, 매년 1000번의 시뮬레이션으로 대법원 이념을 예측했다.

그런데 현재와 같은 보수 성향 대법원은 최소 2040년대까지 안정적으로 지속될 것이며, 2050년대가 지나서야 대법원의 이념이 바뀔 가능성이 절반 정도 될 것이라고 한다. 보수 대법관들이 너무 젊고, 그들도 '전략적 은퇴'를 할 것이기 때문이다.

---

26 Charles Cameron and Jonathan P. Kastellec. 2021. "Conservatives may control the Supreme Court until the 2050s." *Washington Post*, *Monkey Cage* (December 14).

3. 이념전쟁의 선봉이 된 연방대법원

1954년으로 다시 거슬러올라가 보자. 그해 미국 연방대법원은 미국의 법·사회·정치에서 가장 중요한 영향을 미친 역사적인 판결Brown v Board of Education을 했다. 공립교육에서 흑인과 백인을 분리하는 것이 인종차별이라고 한 것이다. 특히 주정부에서 인종차별을 시정하지 않을 경우 연방정부가 개입하는 것도 허용했다. 그리고 이후 20여 년간 대법원은 수많은 진보적인 판결을 쏟아냈다. 아울러 법학자들과 정치학자들 사이에 대법원의 판결을 결정하는 요인에 대한 논쟁도 시작되었다. 헌법과 법률 그리고 법 논리에 따라 판결한다는 법학의 기존 주장으로는 1960-70년대의 대대적인 진보적 판결을 설명하기 힘들어졌기 때문이다.

정치학에서는 법 이외의 이유, 특히 대법관의 이념과 정책적 입장에 주목했다. 예를 들면, 얼 워렌Earl Warren이 1953년 말 대법원장에 취임한 이후 새로 임명된 윌리엄 브레넌William Brennan, 서굿 마셜Thurgood Marshall 대법관과 손발을 맞췄는데, 이들 모두 상당히 진보적인 인사로 알려져 있다.

2002년에는 앤드류 마틴 교수와 케빈 퀸 교수가 미국 건국 이후 모든 연방대법관의 이념성향을 통계적으로 측정한 연구결과Martin-Quinn Scores를 발표했는데,[27] 이 이념지표가 법 논리에 기반한 법학자들의 견해보다 미래의 대법원 판결을 훨씬 잘 예측하기도 했다. 그런데 이것은 민주당 대통령이 진보적 대법관을, 공화당 대통령이 보수적 대법관을 임명하기

---

27 Andrew D. Matin and Kevin M. Quinn. 2002. "Dynamic Ideal Point Estimation via Markov Chain Monte Carlo for the U.S. Supreme Court, 1953-1999." *Political Analysis* 10: 134-153.

위해 최선을 다해왔다는 역사적 사실과도 맥을 같이 한다.

최근 연방대법원은 미국 정치의 중심에 다시 섰다. 이번에는 보수적 판결을 쏟아내고 있긴 하지만 말이다. 2022년 6월 21일에는 미션스쿨에 주정부의 수업료 지원을 금지한 것이 위헌이라며 보수진영의 손을 들어줬다. 6월 23일에는 권총을 공공장소에서 휴대하려면 정부의 허가를 받도록 한 뉴욕주의 법이 위헌이라고 판결했다. 여성의 임신중지가 헌법으로 보장된 권리라는 1973년 '로 대 웨이드' 대법원 선례를 뒤집는 판결도 6월 24일 나왔다.

6월 27일에는 공립학교의 운동경기 이후 코치가 선수들과 함께 공개적으로 기도를 못 하도록 한 것은 종교의 자유를 침해하는 것이라고 선언했다. 6월 30일에는 연방환경청이 지구온난화에 대비하여 온실가스를 규제하는 것은 적절한 연방법에 근거하지 않았기 때문에 위헌이라고 판결했다. 앞으로 성소수자의 권리에 관한 판결이나 소수자 우대정책, 투표권 제한 등의 인종차별 관련 판결도 보수적으로 나올 듯 보인다.

세 가지 점이 특히 눈에 띈다.

첫째, 대법관들의 정치적 이념이나 정책적 입장이 판결을 결정했다. 보수 6 대 진보 3의 구도가 예외없이 이어지고 있는데, 강성 보수로 알려진 클래런스 토머스Clarence Thomas 대법관이 주도하고 트럼프 전 대통령이 임명한 세 명의 보수 대법관 트리오가 적극 가담하는 모양새이다.

둘째, 법과 법 논리가 정치적 입장에 의해 정당화되고 있다. 판결문의 다수의견을 분석한 법학자들의 견해에 따르면 논리를 적용함에 있어서 여러 사례들 사이의 일관성이 떨어지는 경향이 있고, 특히 헌법상의 중요한 원칙에 관해서는 개인의 '이해'나 '견해'를 근거로 내세우는 빈도도 증가했다.[28]

셋째, 이번 판결들이 국민 여론과는 정반대이다. 30퍼센트 정도의 미국인들만이 공립학교에서의 기도 허용에 찬성하고, 낙태 관련 판결에 대해서는 62퍼센트나 반대하고 있다. 지구온난화에 대비해 정부가 더 적극적으로 나서야 한다는 의견이 56퍼센트로 과반을 훌쩍 넘었고, 최근 거듭되고 있는 총기사고로 인해 총기규제를 확대해야 한다는 의견도 더 커지고 있다.

하지만 보수적인 견해를 가진 사람들은 위기에 빠진 미국을 구해내고 '건국 원칙'(자유)과 '신의 가르침'에 충실하게끔 돌아가는 것이라고 주장한다. 정당 양극화의 시대에 연방대법원이 이념전쟁의 최선봉에 선 것이 아니냐는 평가가 나올 만도 하다.

최초의 흑인 여성 연방대법관 탄생

2022년 4월 7일 미국 연방상원은 케탄지 잭슨Ketanji Jackson을 연방대법관으로 인준했다. 미국이 건국된 지 233년, 흑인노예가 해방된 지 157년, 그리고 여성 참정권이 보장된 지 102년이 지나서야 최초의 흑인 여성 연방대법관이 탄생했다.

최초의 흑인 여성 연방대법관이라는 타이틀은 사실 매우 중요한 의미가 있다. 건국 이후 지금까지 연방대법원 대법관 중 백인은 108명이었지만, 흑인은 고작 2명뿐이었다. 또, 남성은 총 105명이었지만 여성은 5명에 불과했다. 다른 측면으로 보면, 흑인 여성은 전체 미국 여성의 12.9퍼센트를 차지하지만 현직 연방판사 중에는 고작 3퍼센트뿐이다. 베이커 모틀

---

28 Stephen I. Vladeck. 2023. "Just How Hypocritical Are the Supreme Court's Conservative Justices Willing to Be?" *New York Times* (March 13).

리 판사가 첫 흑인 여성 연방판사로 지명받은 때는 불과 56년 전인 1966년이었고, 역사를 통틀어 연방지방법원 판사의 1.8퍼센트, 연방항소법원 판사의 1.6퍼센트만이 흑인 여성이었다.

흑인 여성 연방판사가 유독 적은 것은 공화당 대통령이 지명을 꺼렸던 이유가 크다. 지난 50년 동안 민주당 대통령은 4년 임기당 평균 12명 정도의 연방판사를 흑인 여성으로 지명했지만, 공화당 대통령은 임기당 겨우 평균 1.4명이다. 오바마 대통령은 총 26명을, 그리고 바이든 현 대통령은 1년 조금 넘은 기간 동안 흑인 여성 연방판사를 15명이나 선택했다. 트럼프 대통령의 2명, 레이건 대통령의 1명과 상당히 대비된다.

이와 함께 2022년 잭슨 대법관의 상원 인준과정에서 나타난 두 가지 특징도 주목할 만하다. 첫째, 인준 표결이 지극히 당파적으로 나뉘었다. 모든 민주당 의원들이 찬성표를 던졌지만 공화당 쪽 찬성은 겨우 3명뿐이었다. 클린턴 대통령 시절 87 대 9, 96 대 3으로 통과된 사례는 너무 오래되었다고 치더라도, 오바마 대통령 시절 63 대 37, 68 대 31과 비교해도 지나친 감이 있다.

이것은 트럼프 대통령 시절 시작된 것인데, 연방대법원이 매우 당파적인 이슈에 대해 목소리를 내면서 대법관의 이념과 당파성도 같이 중요해졌기 때문이다. 또한 2017년 연방상원 다수당이었던 공화당이 연방대법관 인준과정에서 필리버스터를 허용하지 않도록 의사규칙을 바꾸면서, 대통령이 더 이상 야당 소속 상원의원들의 눈치를 보지 않고 지명권을 행사할 수 있게 된 요인도 있다.

둘째, 인준청문회 과정에서 '간접적인 흑인 차별성 발언racially coded language'이 의도적으로 빈번하게 사용되었다. 테드 크루즈 상원의원은 '비판적 인종이론critical race theory'을 차용한 유아용 도서를 들고 나와서 "아이들이 인종차별주의자인가?"라고 질문했다. 조시 하울리 상원의원은 잭슨

판사가 아동 포르노 범죄자에게 관대한 판결을 내렸다고 주장했다. 두 경우 모두 특정 인종을 차별하는 명시적 표현을 쓰지는 않으면서도 '흑인 여성은 범죄에 관대한 과격 극단주의자'라고 암시하는 목적이 담겨 있다. 포스트 트럼프 시대 공화당의 민낯인 셈이다.

더 읽을 자료

- Lee Epstein and Jack Knight. 1998. *The Choices Justices Make.* Washington D.C.: CQ Press — 미국의 연방대법원과 대법관을 정치학적으로 분석하는 이론적 틀을 친절하게 설명하고 있는 책

- 권석천. 2017. 《대법원, 이의 있습니다》 창비 — 대법원 재판과 판례로 정책을 만들어 간다는 미국적 '법원 정치학'을 한국에도 적용할 수 있을지 생각하게 하는 책

미국 정치의 핵심 균열: 인종 이슈

2020년 대선 선거전을 앞두고 5월 말 조지 플로이드가 경찰에게 체포되는 과정에서 사망했다. 미국 50개 모든 주, 400여 개의 도시에서 경찰의 공권력 남용에 항의하는 시위가 일어났다. 더구나 플로이드가 흑인이었다는 점과 트럼프 대통령의 정제되지 못한 반응이 합쳐지면서 인종문제가 급격히 부상했었다.

1. 미국에서 인종은 어떤 의미인가?

미국에서 인종문제는 복잡하다. 과거 수십 년 동안 쌓여온 미국 정치의 결과물이기 때문이다. 형식적으로는 이미 사라진 것처럼 보이는 흑인에 대한 차별이 실제적으로는 아직까지 버젓이 존재한다. 또 이것이 흑인의 빈곤문제와 연계되어 점점 더 치유하기 힘든 지경으로 악화되고 있다.

많은 백인들은 "우리는 흑인 대통령을 뽑기까지 했다. 차별의 시대는 갔다"라고 주장하지만, 수많은 연구결과에 따르면 이것은 착각에 가깝다. 횡단보도에서 흑인 남자는 백인 남자에 비해 두 배나 많은 자동차를 보내고 나서야 길을 건널 수 있다고 한다. 맹장염으로 응급실에 온 흑인 아이는 백인 아이에 비해 더 약한 진통제를 처방받는다. 심지어 전과 기록이 있는 백인이 전과 없는 흑인 구직자보다 면접 기회를 많이 얻었다는 연구결과도 있다.

트럼프 대통령이 2016년 대선 1차 TV 토론회에서 언급해서 다시 화제가 된 불심검문stop-and-frisk도 인종차별의 예이다. 교통법규를 위반하거나 차량 파손의 흔적이 있으면 차량을 세워 더 심각한 법률 위반이 있는지 조사해 보는 제도인데, 그 타깃이 주로 유색인종 저소득층이다. 기록에 따르면 불심검문을 당한 흑인의 1퍼센트가 무기나 밀수품을 가지고 있었지만 백인은 그 비율이 1.4퍼센트였다. 특정 인종이 교통법규를 더 무시한다는 증거도 없으며, 마약을 하는 비율이나 마약을 불법으로 판매하는 비율도 백인과 흑인이 비슷하다. 하지만 정치적인 힘이 약하고 저항이 그만큼 작은 흑인 동네에 경찰이 더 자주 간다. 문제는 이로 인해 흑인들은 아주 사소한 경범죄로도 잡힐 확률이 높아진다는 점이다. 당연히 범칙금을 낼 경제적인 여유가 없으니, 빚을 지고 과태료와 경찰 수배의 대상이 되는 악순환이 반복된다.

그런데도 정작 인종문제 또는 이와 연계된 빈곤문제를 해결하기 위한 정책은 그 본질보다 겉으로 드러난 문제에 치우쳐 있다. 근본적인 해결책으로 거론되는 교육과 주거의 인종 통합 그리고 경찰개혁은 백인 유권자와 공화당 지지자들의 거센 반발로 시도조차 못 하고 있다. 최근 일부 진보적인 도시 위주로 진보 성향 검찰들이 사법개혁을 시도하고는 있으나 보수 성향 유권자들이 주민소환제도를 통해 거세게 반발하고 있다. 결국 민주당은 상대적으로 용이한 저소득층에 대한 경제적 재분배를 통해 인종문제와 빈곤문제를 해결하려 하고 있으나, 공화당 성향 정치인들은 소수인종 저소득층이 무임승차하고 있다는 논리로 갈등을 증폭시키고 있다.

여기에 이제는 히스패닉 인구가 급증하며 전혀 다른 종류의 문제도 생겼다. 터무니없이 낮은 임금을 받는 것도 불사하며 기존에 저학력 백인들이 담당하던 직업을 히스패닉들이 꿰차기 시작했다. 흑인들과 다른 피부색을 갖고 있고, 이민자로서 후속세대를 위해 열심히 노력한다는 이미지를 갖고 있기도 하지만 스페인어를 구사한다는 점에서 일부 백인들은 거리감을 느낀다. 1990년대와 2000년대에 급증한 불법이민자들도 문제였다. 비록 히스패닉 인구의 10퍼센트 정도가 불법이민자라고 알려져 있지만, 많은 백인들은 멕시코 국경에 벽을 쌓을 것이라는 트럼프에 열광했다.

정당 양극화 시대의 인종문제

2020년 플로이드의 사망으로부터 촉발된 "BLM(Black Lives Matter: 흑인의 생명도 소중하다)" 운동은 그 규모·강도·빈도의 면에서 미국 역사상 가장 컸다. 그 덕분에 미국에서 흑인에 대한 차별을 해소하려는 노력이 미흡했다는 의견이 20퍼센트에서 41퍼센트로 크게 증가했다. 하지만 간과해서는 안 되는 점은 흑인에 대한 부당한 대우와 과도한 법 집행을 바라보는 미국인의 시각이 자신이 속한 집단에 따라 크게 다르다는 것이다.

워싱턴포스트의 2020년 6월 여론조사에 따르면, 전체 미국인들 중 54퍼센트가 BLM 시위를 지지하고 22퍼센트가 반대한다. 그런데 민주당 지지자들은 그 차이가 더 커서 69퍼센트 대 13퍼센트이다. 반면, 공화당 지지자들은 39퍼센트만이 찬성하고 38퍼센트는 지지하지 않는다. 경찰의 폭력이 더 심각한지, 경찰을 향한 폭력이 더 심각한지도 의견을 조사해 보았다. 민주당 지지자들의 75퍼센트는 경찰이 더 폭력적이라고 생각하지만, 공화당 지지자들은 54퍼센트가 경찰에 대한 폭력이 도를 넘었다고 본다. 어느 정당을 지지하는지에 따라 BLM 시위를 바라보는 태도가 달라지는 것이다.

다른 여론조사에서는 인종 간 갈등이 트럼프 대통령 때문에 더 심각해졌는지 물어보았다. 흑인의 75퍼센트가 그렇다고 답했으며, 백인의 45퍼센트도 이에 동의했다. 하지만 같은 여론조사기관에서 4년 전에 인종 간 갈등이 오바마 대통령 때문에 더 심각해졌는지도 물어보았는데, 흑인의 37퍼센트, 백인의 59퍼센트가 동의했다. 누가 대통령인지에 따라 인종문제를 바라보는 관점이 정반대로 바뀌는 것이다. 더 나아가 최근 여러 정치학 연구를 통해 2020년 대통령 선거에서 유권자들의 투표 요인으로 가장 설명력이 높은 변수가 경찰과 인종 갈등에 대한 태도라는 사실도 드러났다. 정당 양극화 시대에서 인종문제는 점입가경으로 더 복잡해지고 있다.

2. 트럼프와 인종적 적대감

2021년 1월 6일 트럼프 지지자들의 미국 의사당 난입 사건으로 세계적으로 유명해진 사람이 있다. 머리에 뿔 달린 털모자를 쓰고 상의를 벗은 채 현장에 나타난 제이컵 챈슬리다. 미국 의사당을 습격한 폭도의 마스코트가 된 그에 관해 흥미로운 기사가 나왔다. 그는 체포된 이후 나흘 동안 굶었는데, 그 이유가 감옥에서 유기농 식사를 주지 않아서라고 한다. 비싼 유기농 식사만 고집하는 열성 트럼프 지지자의 모습은 언론에 흔히 보도되는 '저학력 백인 노동자'의 전형과는 거리가 멀다. 그뿐만이 아니다. 트럼프 대통령이 "사랑한다" "매우 특별하다"라고 말한 CEO, 주 의회 의원, 부동산업자 등도 다수가 의사당으로 난입했다. '사회 주류'로 보이는 이들은 왜 트럼프를 열렬히 지지하고 의사당을 습격했을까?

문제의 근원을 이해하기 위해서는 트럼프의 열성 지지자들이 누구인 지 알아야 한다. 많은 언론의 보도대로 '러스트벨트'에서 일하는 중하층 의 백인 노동자들이 트럼프의 핵심 지지층일까? 그렇지 않다면 트럼프 지지층을 가장 잘 설명하는 요소는 무엇일까? 이런 지지자들은 왜 민주 주의에 반하는 믿음과 행동을 적극적으로 실행하고 있을까? 트럼프 지 지자들이 미국 의사당 앞에 설치한 교수대가 이런 질문들에 답변한다. 미국에서 교수대는 백인이 가해온 흑인 린치의 상징이기 때문이다.

2015년 트럼프가 공화당 경선에 출마한 이래 미국 지식인들은 유권자 의 트럼프 지지 원인을 두고 격렬한 논쟁을 펼쳤다. 워싱턴포스트의 카 를로스 로자다 기자에 따르면, 이 주제의 책만 100권 이상 출판되었다. 백인 노동자 계층의 경제적 소외와 인종주의가 가장 유력한 두 가설이 었다. 한편으로 생각해 보면, '세계화로 직업 안정성을 잃고 삶의 질이 떨어진 백인의 분노'라는 가설은 눈에 보이지 않는 '인종주의' 가설에 비 해 훨씬 매력적으로 보인다. 그러나 이 논쟁에 대한 미국 정치학계의 결 론은 명백하다. 백인들이 우월한 인종적 지위를 잃는 것에 대해 느끼는 불안함과 분노가 트럼프 지지를 불러왔다는 것이다. 저자가 조사한 바에 따르면 '경제적 소외감이 트럼프 지지를 설명한다'는 사실을 보여주는 정치학 논문은 단 한 편도 없다.

그렇다면 '경제적 불안으로 고통받는 백인 중하층이 트럼프를 지지한다'는 주장은 얼마나 틀렸을까? 〈그림 7〉을 보자. 밴더빌트대학의 래리 바텔스 교수가 2020년 1월에 실시한 여론조사를 직접 분석해 보았다.[29] 백인과 유색인종을 구분해 소득별 트럼프 지지를 살펴봤다. 백인 저소득층이 백인 고소득층에 비해 트럼프를 지지할 확률은 높지 않다. 유색인종의 경우, 오히려 소득이 높을수록 트럼프를 지지할 가능성이 커졌다. 인종 간 트럼프 지지 차이가 소득 간 차이보다 더 크게 나타난다. 2016년 대선에서 트럼프에게 투표한 유권자 전체에서 대학교육을 받지 않고

〈그림 7〉 소득과 트럼프 지지

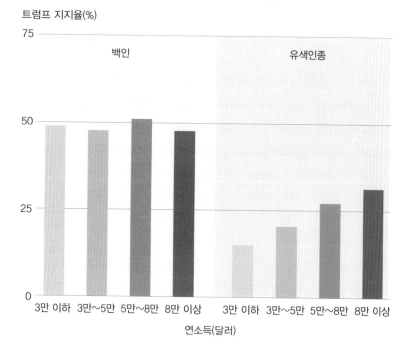

트럼프 지지율(%)

백인   유색인종

3만 이하 3만~5만 5만~8만 8만 이상   3만 이하 3만~5만 5만~8만 8만 이상
연소득(달러)

29 Larry M. Bartels. 2020. "Ethnic Antagonism Erodes Republican's Commitment to Democracy." *Proceedings of the National Academy of Sciences* 117(37): 22752-22759.

중위소득 이하인 백인 노동자 계층은 31.2퍼센트였다. 전체 유권자 중 백인 노동자 계층의 비중(30퍼센트 초반)과 크게 차이가 나지 않는다. 이 계층이 특별히 트럼프를 더 지지하는 것이 아니라는 뜻이다.

트럼프 지지가 인종주의에 기반한다는 보다 명확한 증거도 있다. 바텔스 교수가 개발한 지수인 '인종적 적대감'으로 트럼프 지지를 비교해 봤다. 〈그림 8〉은 인종적 적대감에 따라 트럼프 지지율이 얼마나 변하는지 보여준다. 백인과 유색인종 모두 인종적 적대감에 따른 트럼프 지지가 매우 분명히 드러난다. 인종적 적대감이 낮으면 트럼프를 지지할 확률은 0퍼센트에 가깝다. 반면 인종적 적대감이 가장 높은 집단에서 트럼

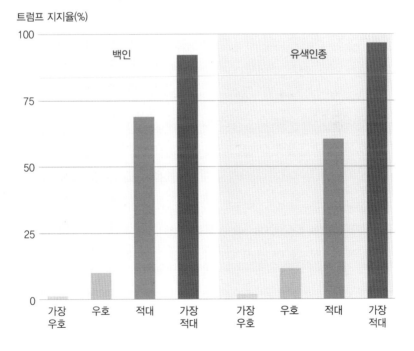

〈그림 8〉 인종적 적대감과 트럼프 지지

프를 지지할 확률은 90퍼센트 이상이다. 트럼프를 지지할수록 '백인은 차별당하고, 정부가 불공정하게 흑인·라티노·이민자를 더 지원해 그들이 과도한 권한을 가진다'고 믿는다.

이처럼 인종주의가 트럼프 지지를 설명하는 가장 큰 요소인데도, 왜 경제적 소외 가설에 주목하는 사람이 있을까? 트럼프 지지자들이 경제적 박탈감을 느끼고 있기 때문이다. 그러나 이런 경제적 박탈감 역시 인종의 렌즈로 봐야 한다. '내 경제적 어려움'이 아니라 '우리 인종'이 경제적으로 불공정하게 대우받는다는 인식이 트럼프 지지의 원동력이기 때문이다.

조지워싱턴대학 존 사이즈 교수 등은 2016년 미국 대선을 분석한 저서 《정체성 위기Identity Crisis》를 통해 경제와 인종 간의 관계를 명쾌하게 설명한다.[30] 트럼프 지지자들은 '보통의 미국인들은 노력한 바에 비해 보상받지 못한다'는 질문에 64퍼센트가 동의한다. 그런데 '보통의 미국인 average American'이라는 주어를 '흑인black'으로 바꾸면 응답률이 눈에 띄게 떨어진다. 트럼프 지지자 12퍼센트만 '흑인들은 노력한 바에 비해 보상받지 못한다'고 대답했다. 힐러리 지지자들은 주어가 '보통의 미국인'이든 '흑인'이든 동일하게(57퍼센트) 응답했다. 트럼프 지지자의 분노는 자기 자신의 경제문제에서 기인하는 것이 아니다. 흑인·라티노·이민자와 같은 이들이 불공정하게 혜택을 받는다는 믿음에 기반한다.

트럼프는 대놓고 인종주의를 이용해왔다. 그리고 이것은 미국의 정치 관행을 크게 바꿨다. 트럼프 이전의 공화당 정치인들은 역풍을 고려했

---

30 John Sides, Michael Tesler and Lynn Vavreck. 2019. *Identity Crisis: The 2016 Presidential Campaign and the Battle for the Meaning of America*. Princeton: Princeton University Press.

다. 인종주의를 활용하고 싶더라도 인종을 연상하게 하는 간접적인 방법만을 사용했다. 트럼프 등장 이전에는 유권자들도 노골적으로 인종주의 캠페인을 벌이는 정치인을 심판했다. 하지만 트럼프 당선 이후에는 노골적인 인종주의 캠페인이 마치 면죄부를 받은 것처럼 되어버렸다. 트럼프가 인종주의의 지옥문을 열어젖힌 셈이다.

터프츠대학 브라이언 샤프너 교수의 연구는 트럼프의 인종주의적 발언이 유권자에게 미치는 영향을 명확하게 보여준다.[31] 그의 연구에 따르면, 트럼프 지지자들은 트럼프의 성차별적·인종차별적 발언을 적극 묵인할 의향이 있다. 지인이 했다면 불편함을 느꼈을 내용이라도 그 발언자가 트럼프라면 불편하다고 느낄 확률이 20퍼센트포인트나 감소한다. 트럼프의 당선 전후 실시한 유권자 여론조사를 보면, 트럼프 지지자는 트럼프 당선 이전에 비해 이후에 20퍼센트포인트 더 성차별적·인종차별적 믿음에 동의한다.

공화당 정치인들의 묵인 혹은 동조 역시 트럼프 지지자들의 인종주의를 부추겼다. 트럼프 지지자들은 인종주의를 더 숨길 필요가 없어졌다. 캘리포니아대학 벤저민 뉴먼 교수와 공동 연구자들은 '멕시코 이민자들이 마약과 범죄를 가져온다'는 트럼프의 발언이 유권자들에게 미치는 영향을 실험해보았다.[32] 일부에게는 트럼프의 발언을 보여줬고, 공화당 정치인들이 이에 동조하는지 반대하는지도 알려주었다. 참여자의 일부에

31 Brian F. Schaffner. 2020. *The Acceptance and Expression of Prejudice During the Trump Era*. Cambridge: Cambridge University Press.

32 Benjamin J. Newman, Jennifer Merolla, Sono Shah, Danielle Lemi, Loren Collingwood and Karthick Ramakrishnan. 2021. "The Trump Effect: An Experimental Investigation into the Emboldening Effect of Racially Inflammatory Elite Communication." *British Journal of Political Science* 51(3): 1138-1159

게는 아예 트럼프의 발언을 제시하지 않았다. 그런 다음 조사 참여자에게 동료의 인종차별 사례를 보여주고 이것을 얼마나 용납할 수 있는지 물었다. 그 결과, 선입견이 강한 사람일수록 인종차별을 용인했다. 예측했던 결과다. 이 연구의 놀라운 점은 공화당 정치인의 동조나 묵인을 확인한 참여자들의 반응이었다. 인종차별에 대한 선입견이 강한 집단의 경우, 공화당 정치인이 트럼프의 발언에 반대하지 않았다는 사실을 들었을 때, 인종차별을 용인하는 정도가 2-4배 더 강해졌다. 트럼프의 발언을 읽지 않은 사람들과 비교하면, 인종차별을 용인하는 정도가 160배나 강해진다.

이렇게 트럼프의 선동과 공화당의 묵인이 인종주의를 미국 정치의 전면에 내세웠다. 그런데 인종주의로 뭉친 트럼프 지지자들은 왜 민주주의의 전당인 미국 의회 의사당을 습격했을까? 그들의 공격 목표는 왜 민주주의였을까. 2021년 1월 6일의 습격을 예상이라도 한 듯한 연구가 있다. 앞서 언급한 바텔스 교수는 '반민주주의적 행태를 설명하는 개인의 정치적 태도'가 무엇인지 조사했다. 그는 공화당 지지자들에게 △선거결과를 불신하는지 △민간인이 무력행사를 하거나 법의 사적 집행이 필요한지 △강한 리더가 목표를 달성하기 위해 법을 우회할 필요가 있는지를 물었다.

놀랍게도 각 질문에 대해 '그렇다'는 대답이 50퍼센트 전후로 나왔다. 분명 반민주주의적 태도다. 이러한 결과를 어떻게 설명할까? 바텔스 교수는 공화당에 대한 감정적 태도, 트럼프에 대한 감정적 태도, 경제적 보수주의, 문화적 보수주의, 인종적 적대감, 정치적 냉소주의 등의 변수로 결과를 설명할 수 있는지 검증해보았다. 가장 높은 예측력을 가진 변수는 단연 인종적 적대감이었다.

〈그림 9〉는 인종적 적대감과 반민주주의적 태도의 상관관계를 보여준다. 공화당 지지자 중에서 인종적 적대감이 가장 낮은 집단은 반민주주의적 태도에 공감할 확률이 0퍼센트에 가깝다. 공화당 지지자 가운데 가장 높은 인종적 적대감을 가진 집단은 80-90퍼센트에 가까운 확률로 반민주주의적 태도를 지지한다. 공화당 지지자들의 인종적 박탈감과 적대감이 민주주의조차 포기하게 만들 수 있다는 점을 시사한다.

미국이 2040년대에 들어서면 백인이 인구의 절반도 안 될 것이라는 예측이 나온다. 백인의 지위가 점점 위협받고 있다는 의미다. 지금 미국은 교차로 앞에 서 있다. 사회를 통합해 전 세계의 모범이 되는 다인종

〈그림 9〉 인종적 적대감과 반민주주의적 태도

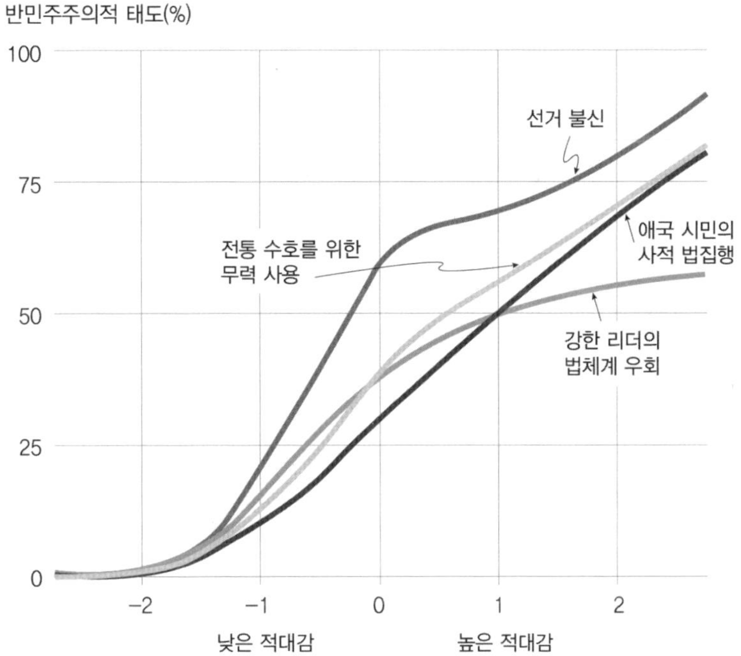

민주주의로 거듭날 것인가? 혹은 인종 간 갈등이 더욱 첨예해져 민주주의의 위기로 치달을 것인가?

공화당의 미래 대권 후보들이 인종주의를 경계하고 유색인종의 표를 얻기 위해 노력한다면 전자의 길로 갈 것이다. 그러나 현 미국 정치제도는 장밋빛 미래를 가로막는 장벽 중 하나다. 게리맨더링으로 공화당에 더 유리한 하원, 농촌을 과대 대표하는 상원, 그리고 전국 대선 득표 3-4퍼센트포인트 차이 패배로도 백악관을 넘볼 수 있게 된 현실이 공화당 앞에 펼쳐져 있다. 이런 조건하에서 공화당은 굳이 변화를 꾀할 필요가 없기에, 2021년 1월 미국 의사당에서 펼쳐진 장면은 더욱 상징적이다.

3. 아시안 혐오

코로나19를 '중국 바이러스' 혹은 '우한武漢, wuhan 코로나'라고 부르려는 태도가 미국 내 아시아계 혐오범죄 증가의 원인이었다고 말하면 과장일까? 최근 미국 내 한국인 동료들에게 들은 말을 떠올리면서 한 생각이다. '절대 혼자 바깥을 다니지 않겠다' '길가를 걸으면 주변을 경계하게 된다' 등등. 2021년 3월 16일 조지아주에서 한국계 4명을 포함해 아시아계 여성을 목표로 한 연쇄 총격 사건이 벌어진 이후 한국인 동료들이 한 얘기다. 생존을 위해 고립을 택하겠다는 뜻이다.

2020년에 이들은 트럼프 당시 대통령의 입에서 나온 '중국 바이러스'라는 단어에 공포감을 느꼈다. 이 사실을 아는 한국인은 많지 않을 것이다. 트럼프가 중국 바이러스라고 부를 때마다 한국 일각에서는 중국의 책임을 추궁한다며 박수가 나왔다. 하지만 미국의 아시아계는 자신들이 위협받고 있다는 사실을 예감했다.

왜 미국 내 아시아계는 "아시안에 대한 혐오를 멈추라"는 구호를 외치기 시작했을까? 아시아계가 느끼는 차별은 여론조사로 명확히 드러난다. 2020년 6월 퓨리서치센터가 미국인 9654명을 조사한 결과에 따르면 아시아계의 31퍼센트가 인종차별적 발언과 농담의 대상이 되었다. 아시아계의 26퍼센트는 누군가의 물리적 위협과 공격이 두렵다고 응답했다. 이는 미국 내 모든 인종 가운데 가장 높은 수치다. 특히 백인에 비해 3-4배 높은 수준이다. 아시아계만의 '피해의식'이나 '오해'가 아니다. 미국인 전체의 39퍼센트가 '코로나19 유행 이후, 사람들이 아시아계에 대해 더 많은 인종차별적 견해를 표명한다'고 답했다.

그렇다면 차별에 대한 인식이 아닌, 실제 행해진 차별과 혐오는 어떨까? 이를 완벽하게 보여주는 통계자료는 없다. 사람들이 대놓고 차별행위를 하는 일도 드물고, 미국 연방정부 차원에서 혐오범죄 통계 집계를 체계적으로 하지 않기 때문이다. 그러나 구글 검색량, 여론조사, NGO 자료 등으로 가늠해볼 수 있다. 데이터는 모두 한 방향을 가리킨다. 미국에서 코로나19 확진자 수가 급증한 2020년 3월 초 이후 미국 내 아시아인에 대한 차별과 혐오가 증가하고 있다. 〈그림 10〉은 아시아계를 비하하는 단어 '칭크Chink'가 미국 내에서 얼마나 자주 검색되는지 보여준다. 2020년 3월 검색량이 급증해 최고치를 찍었다. 4월과 5월에 등락을 보이지만 대체로 높은 수치를 유지한다.

미국 내 아시아계에 대한 호의는 얼마나 변했을까. 저자가 UCLA의 네이션스케이프Nationscape 여론조사 자료를 직접 분석해봤다. 〈그림 11〉을 보면 2020년 1-2월에 11-15퍼센트였던 비호의적 태도가 2020년 3월 초 이후 18-20퍼센트로 상승했다. 앞서 언급한 것처럼 미국 내 코로나19 확

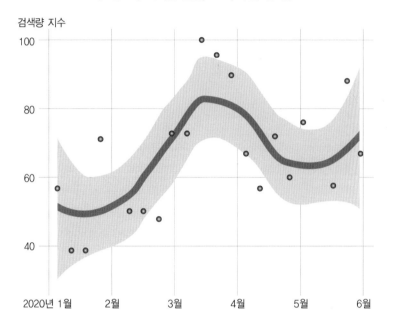

〈그림 10〉 아시안 멸칭(Chink) 구글 검색량

검색량 지수

진자 수가 급증한 때다. 여론조사에서 노골적으로 비호의적 태도를 드러내지 않는 미국인의 특성상 눈에 띄는 변화다.

아시아인에 대한 혐오에 대응하려 설립한 민간단체 'Stop AAPI Hate (아시아태평양계 혐오를 멈춰라)'가 수집한 혐오범죄 자료는 더욱 선명한 패턴을 보여준다. 2020년 3월 19일부터 2021년 2월 28일까지 이 단체에 보고된 아시아계 대상 혐오범죄는 모두 3795건이다. 언어 차별 표현 (68.1퍼센트)과 아시아계에 대한 노골적 회피(20.5퍼센트)가 가장 큰 비중을 차지했다. 세 번째로 높은 응답은 신체 위해(11.1퍼센트)였다. 신체적 위해를 당했다고 신고한 이들의 42.2퍼센트가 중국계로 가장 큰 비중을 차지했다. 그 다음이 한국계(14.8퍼센트)였다. 전체 신고 건수의 68퍼센

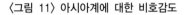
〈그림 11〉 아시아계에 대한 비호감도

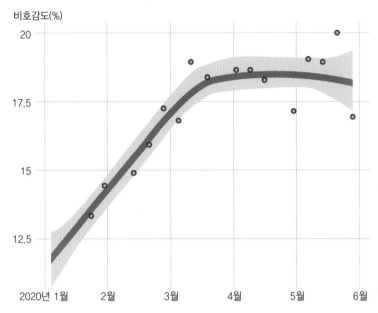

출처: UCLA 네이선스케이프 여론조사

트가 여성이다. 조지아 연쇄 총격 사건의 피해자 전부가 여성이라는 점은 결코 우연이 아니다.

코로나19 팬데믹과 함께 아시아계에 대한 혐오범죄와 차별은 증가했다. 여기에 트럼프가 기름을 퍼부었다. 트럼프의 언행이 결정적 기폭제가 되었다. 기자회견에서 트럼프는 틈만 나면 코로나19를 '차이나 바이러스 China Virus' 혹은 '쿵플루(Kung Flu: 쿵푸와 플루 합성어)'라고 칭했다. 코로나19라 쓰인 기자회견문을 손수 '차이나 바이러스'라 수정하는 장면이 언론에 포착되기도 했다. 지지자를 결집하고, 심각한 코로나19 상황이 자신의 리더십 탓이 아닌 중국의 책임이라는 의도를 담은 행동이었다.

트럼프로 인한 아시아계의 피해는 매우 구체적이었다. 앨버타대학의 런징 루와 UC 샌디에이고의 얀잉 셩은 트럼프 언사의 효과를 연구했다.[33] 이들 연구에 따르면, 트럼프가 중국과 코로나19를 연계해 트위터에 트윗을 올릴 때마다 4시간 내에 C로 시작하는 단어 "Chink"를 사용한 인종차별적 트윗이 미국 전역에서 20퍼센트 이상 증가했다. 트윗만 증가하는 것이 아니었다. 트럼프의 트윗을 혐오범죄 자료와 연계해 살폈다. 트럼프가 중국과 코로나19를 연계한 트윗을 한 개 더 보낼 때마다, 같은 날 아시아계 혐오범죄 신고 건수는 8퍼센트 증가했다.

차별에 직면한 소수인종은 어떻게 대응할까. 대표적인 반응은 고립이다. 외부와 물리적 접촉을 최소화하고 자신이 소수인종임을 드러낼 만한 모든 것을 숨기려 한다. 미시간주립대학 나지타 라제바르디 교수와 코넬대학 윌 홉스 교수의 연구가 이를 보여준다.[34] 이들은 트위터에서 미국 내 아랍계 이름을 가진 트위터 사용자들이 얼마나 활동하는지 추적했다. 트럼프는 2015년 12월 2일과 2016년 11월 14일 두 차례 무슬림 입국금지를 주장했는데, 〈그림 12〉에서 보듯, 이 일이 있은 직후 아랍계 이름을 가진 트위터 사용자들의 활동이 줄어들었다.

연구진은 이러한 온라인 활동의 고립이 오프라인의 삶과도 연관된다는 사실을 확인했다. 연구진이 서베이 샘플링 인터내셔널Survey Sampling International에 의뢰해 2017년 2월 실시한 여론조사 결과, 이 기간 미국 내 무슬림은 다른 사람과의 접촉을 줄이고 공공장소에 나가는 일도 줄였다.

---

33 Runjing Lu and Sohpie Yanying Sheng. 2022. "How racial animus forms and spreads: Evidence from the coronavirus pandemic." *Journal of Economic Behavior & Organization* 200: 82-98

34 William Hobbs and Nazita Lajevardi. 2019. "Effects of Divisive Political Campaigns on the Day-to-Day Segregation of Arab and Muslim Americans." *American Political Science Review* 113(1): 270-276

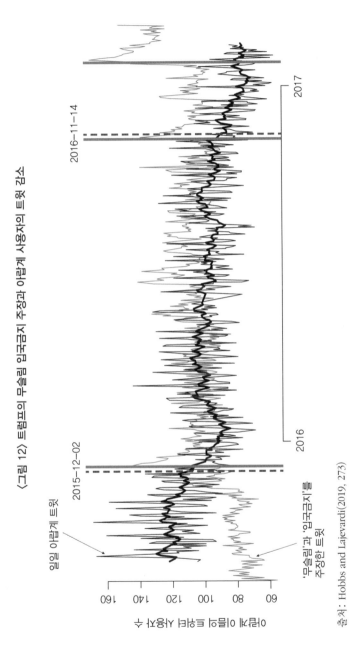

〈그림 12〉트럼프의 무슬림 입국금지 주장과 아랍계 사용자의 트윗 감소

출처: Hobbs and Lajevardi(2019, 273)

'사회적 소수자를 위축시켜 그들이 가시화되지 않는 것'은 차별주의자들이 원하는 결과였을지 모른다.

그런데 차별은 고립에서 멈추지 않는다. 민주주의에 대한 반감이나 극단주의에 대한 선호로까지 이어질 수 있다. 스탠퍼드대학의 연구자 네 명은 코로나19 이후 인종차별에 중국인 유학생들이 어떻게 반응하는지 실험했다.[35] 중국인 유학생들을 세 그룹으로 나눠 코로나19의 진실을 밝히다 숨진 의사 리원량에 대한 기사를 보여줬다. 세 그룹 중 한 그룹에게만 리원량에 대한 중국 정부의 행동을 비판하는 미국 기사를 추가로 보여줬다. 다른 그룹에는 이 기사에 더해서 중국인의 위생이나 식습관을 비난하는 인종주의적 댓글을 추가로 보여줬다.

인종주의적 댓글을 본 중국인 유학생들은 중국 내 정치개혁의 필요성에 덜 공감하고 현 중국공산당의 권위주의적 통치를 더욱 지지하게 됐다. 놀랍게도 중국공산당의 권위주의적 통치를 더 지지한 유학생들은 원래 중국 민족주의에 대해 비판적이고 민주주의를 더 지지했었다. 반대로 인종주의적 댓글은 보지 않고 미국의 비판 기사만 본 그룹에서는 중국의 권위주의에 대한 지지 증가가 나타나지 않았다.

혐오범죄로 병든 사회는 극단주의와 테러리즘으로 치닫는다. 컬럼비아대학의 타마르 미츠는 트위터를 통해 유럽 내 IS(이슬람 수니파 무장단체)에 대한 지지세를 파악해보았다.[36] 지역 내 혐오범죄가 1퍼센트씩 증가할수록 IS를 지지하는 트윗 양은 10-11퍼센트 이상 증가했다. 차별은

---

35 Yingjie Fan, Jennifer Pan, Zijie Shao and Yiqing Xu. 2020. "How Discrimination Increases Chinese Overseas Students' Support for Authoritarian Rule." 21st Century China Center Research Paper 2020-05.

36 Tamar Mitts. 2019. "From Isolation to Radicalization: Anti-Muslim Hostility and Support for ISIS in the West." *American Political Science Review* 113(1): 173-194

결국 사회 전체의 불안이라는 결과로 돌아온다.

중국에게 코로나19의 책임을 묻는 목소리가 한국에서도 나왔다. 코로나19로 인한 전세계의 피해에 대한 책임을 중국에 요구했고, 일부는 '우한 코로나'라는 이름을 고집했다. WHO가 공식 채택한 'COVID-19'라는 명칭 대신 바이러스 발원지로 지목된 중국 우한을 강조하는 태도다. 더나아가 이러한 불만은 중국인 그리고 흔히 '조선족'이라 불리는 재한 중국동포에 대한 인종차별적 태도로까지 표출됐다.

한국에서 '중국에 정당한 책임을 묻는 태도'가 결과적으로는 미국에서 '아시아계에 대한 차별'을 불러온 원인과도 연결될 수 있다. 한국에서는 '한국계'가 절대다수라 '우한 코로나'라는 말을 써도 이게 차별인지 쉽게 알아차리기 어렵다. 이런 한국계가 미국에 오는 순간, 지금까지 써온 우한 코로나라는 말은 화살이 되어 돌아온다. 어떤 사람은 '나는 중국계가 아니니 괜찮다'고 생각할 수 있다. 그러나 미국 내에서 아시아계로 살다 보면 이것이 착각이라는 걸 깨닫게 된다. '내가 중국계든, 아니면 그냥 중국계와 닮은 아시아계이든' 상관없이 일상적으로 미국 내 아시아계 혐오에 부딪히게 된다. 데이터가 보여주듯, 코로나19 이후 그 경향은 더심각해졌다.

숫자가 보여주는 의미는 간명하다. 혐오는 고립을 낳는다. 소수의 고립이 깊어져 극단주의가 심화될 때에야 비로소 자신이 하는 행동이 차별이라고 깨닫게 된다면, 이미 늦었다.

더 읽을 자료

• 이저벨 윌커슨. 2022. 《카스트: 가장 민주적인 나라의 위선적 신분제》 알에이치 코리아 ─ 퓰리처상을 받은 언론인이 미국의 인종차별 문제를 신분제라는 시각 으로 조명하여 큰 주목을 받았던 책

• Richard C. Fording and Sanford F. Schram. 2020. *Hard White: The Mainstreaming of Racism in American Politics*. Oxford: Oxford University Press ─ 인종과 관련된 정치가 어떻게 공화당의 주류에 들어오게 되었는지 트 럼프 이전과 이후로 나누어 살펴본 책

• Michael Tesler. 2016. *Post-Racial or Most-Racial? Race and Politics in the Obama Era*. Chicago: University of Chicago Press ─ 오바마의 대선 후보로의 부상과 대통령 당선, 그리고 그의 대통령직이 어떻게 인종을 미국정치의 핵심 균열로 자리매김하게 만들었는지 체계적으로 분석한 책

16장

미국 문화전쟁의 오래된 전선: 총기규제와 여성의 임신중지권

대개 어느 나라나 마찬가지이지만, 정치에서 보수와 진보는 경제 이슈로 나뉜다. 미국도 예외는 아니다. 하지만 경제 이슈의 중요성까지는 못 미치지만, 몇 가지 중요한 사회·문화적 이슈도 있다. 미국에서는 총기규제와 여성의 임신중지권 이슈가 그것이다.

1. 하루 120명이 넘게 죽어도⋯ 총기에 참 관대한 미국

우리가 미국 정치를 접할 때 가장 이해하기 힘든 것 중 하나는 그들의 총기와 관련된 태도이다. 세계 대부분의 나라에서 총기를 소유하고 소지하는 데 큰 제한을 두고 있는 데 반해서 미국은 정반대이다. 주별로 약간씩 다르기는 하지만 대개 총기를 취급하는 상점에서 1시간 이내에 총을 살 수 있다. 인구 100명당 121개의 총기가 있으며, 성인의 44퍼센트가 자신의 집에 총기가 있다고 한다.

총기가 많으니 사건사고도 많다. 가장 최근의 정부 공식기록에 따르면, 2020년 한 해 총기사고로 45,222명이 사망했는데, 하루 평균 124명이다. 1990년대 이후 감소했다가 2010년대 중반부터 증가세이고, 특히 2020년은 전년도에 비해 14퍼센트나 급증했다. 한국 뉴스에도 자주 언급되는 '총기난사mass shootings'만 국한해서 보더라도 2000년대 평균 5-6건이던 것이 2020년에는 무려 40건이나 발생했다.

하지만 정작 미국인들은 느긋한 편이다. 전국민의 48퍼센트 정도만이 총기사고를 심각한 문제라고 인식하며, 총기규제를 강화하자는 주장에 대해 46퍼센트 정도나 반대한다. 특이한 점은 최근 몇 년간 총기 관련 사망자는 증가하고 있지만 총기규제를 원하는 여론은 오히려 15퍼센트 포인트 가까이 큰 폭으로 줄어들고 있다는 것이다.

미국 사람들이 총기규제를 반대하는 가장 큰 이유는 자신들의 헌법이다. 수정헌법 2조에는 "잘 규율된 민병대는 자유로운 주의 안보에 필요하므로, 무기를 소유하고 휴대하는 국민의 권리를 침해할 수 없다"라고 쓰여 있다. 이 조항의 후반부를 강조해서 총기는 권리라고 주장하는 것이다.

또한 현재 추진되고 있는 여러 종류의 총기규제안들이 실제로 범죄를 줄이는 데 효과가 없다고도 주장한다. 총기로 인한 사망의 절반 정도가 정신건강상의 문제로 인한 자살이고, 규제를 새로이 도입한 주에서 범죄율이 현저히 낮아졌다는 증거가 부족하다는 것이다. 스포츠나 사냥용 총기를 소유하고자 할 때 오히려 불필요한 규제만 더하게 된다고도 말한다. 한발 더 나아가 "총기를 가진 나쁜 사람을 막는 유일한 방법은 좋은 사람이 총기를 가지는 것이다"라며, 학교 총기사고에 대비해 교사에게 총기를 휴대하게 하자고까지 한다.

총기에 대한 권리를 보호하기 위한 단체도 있다. 가장 대표적인 것은 전미총기협회NRA: National Rifle Association이다. 1871년 설립된 이 단체는 원래 스포츠나 사냥에 사용되는 총기를 위한 활동을 주로 했었다. 1975년 입법로비를 위한 부서를 만들면서 공화당과 연대하기 시작했고, 지금은 연방 및 대다수 주정부에 큰 영향력을 행사하고 있다. 약 5,500만 명의 회원이 있으며, 37-48퍼센트 정도의 연방 상하원의원들과 대선 후보에게 꾸준히 정치자금을 기부하고 있다. 지난 2016년 대선에는 600억 원, 2020년 대선에는 325억 원 이상 썼다.

이들에 반대하는 총기규제 진영도 총기를 모두 없애자고는 못 하고 단지 수정헌법 2조를 근거로 그들의 주장을 펼친다. 조항 전반부에 '잘 규율된'이라는 문구가 있는데, 누가 '잘 규율된' 사람인지 신원조회로 판단하자는 것이다. 상당히 설득력 있다고 미국인들은 생각하는 듯하다. 정신건강에 문제가 있는 사람의 총기 구입에 제한을 두는 안은 85퍼센트의 국민들이 찬성하고, 총기의 사적 거래에도 신원조회를 도입하자는 안에는 70퍼센트의 국민들이 지지한다. 다만, 민주당 지지자들이 규제를 더 많이 찬성하고, 공화당 지지자들은 그 반대이다.

물론, 지금까지 나온 연방차원의 총기규제안들은 2022년 전까지 전부 실패했다. 총기를 권리라고 생각하는 진영이 너무 막강해서이다. 매년 민주당 의원들이 법안을 발의하고 있고, 민주당이 하원 다수당을 차지하고 있을 때는 하원에서 법안이 통과되기도 했다. 하지만 매번 상원 공화당 의원들의 반대로 성사되지 못하고 있었다.

그러나 2022년에 이러한 흐름에 큰 변화가 생겼다. 2022년 5월에 연달아 총기난사 사건이 터지면서 총기규제 여론이 강해졌고, 이에 부응하여 상하원의 중도 성향 의원을 중심으로 초당파적 총기규제안을 준비했다. 이 법안은 6월에 상하원을 통과하고 바이든 대통령이 서명하였다. 30년 만에 총기규제법안이 통과한 순간이다.

2. 여성의 임신중지권, 그 뜨거운 감자

2022년 6월 24일 미국 연방대법원은 여성의 임신중지권과 관련된 매우 중요한 판결을 내렸다. 임신중지를 광범위하게 금지시킨 미시시피주 법률의 위헌여부 심리의 결론을 내리면서, 1973년 '로 대 웨이드*Roe v Wade*' 대법원 판례를 뒤집은 것이다. 이로써 '여성이 임신을 중지할 수 있는 권리는 연방헌법에 보장된 것'이라는 원칙이 미국에서 사라지게 되었다. 지난 50년간 보수진영이 학수고대하던 순간이었다.

때는 1969년으로 거슬러 올라간다. 셋째를 임신한 제인 로*Jane Roe*(소송 당사자의 신분을 숨기기 위한 가명이었음)는 낙태를 원했지만 그녀의 고향 텍사스에서는 불법이었다. 그래서 텍사스주 댈러스 카운티 검찰(헨리 웨이드*Henry Wade*가 소송 담당 검사였음)을 상대로 연방법원에 위헌소송을 제기했다. 승소와 패소를 거듭하다 결국 연방대법원까지 갔는데, 대법원은 제인 로의 손을 들어줬다. 이후 몇몇 대법원 판결을 통해서 '임신중지는 권리'라는 원칙이 재확인되었고, 대개 임신 23주차 이전의 임신중지는 미국에서 허용되어왔다.

하지만 '임신중지권'를 반대하는 '낙태반대' 운동도 동시에 시작되었다. 특히 1980년대를 거치며 공화당과 기독교 보수분파가 결합하면서 그 세가 증가했다. 1970년대는 임신중지권의 찬반이 56 대 44 정도였는데, 1990년대 초 49 대 51로 살짝 뒤집히기도 했었다. 슬로건을 '생명 살리기 운동pro-life movement'으로 정한 것이 주효했다고 평가받는데, 임신중지권 찬성 진영도 이와 비슷한 전략으로 '권리 지키기 운동pro-choice movement'이라고 자신들을 부른다.

기회를 포착한 임신중지권 반대 진영은 공화당이 장악한 주를 중심으로 직접 행동에도 나섰다. 몇몇 주에서는 임신중지를 할 때 부부 모두의 동의를 받도록 하고 특히 미성년자의 임신중지는 부모 동의를 의무화했다. 임신중지 결정 후 숙의 기간을 설정하거나 임신중지와 관련된 동영상 학습을 의무화하는 주도 생겼다.

그중 가장 중요한 전략은 연방대법원 대법관을 바꾸는 것이었다. 풍부한 선거자금지원과 압도적인 자원봉사활동으로 공화당 내부를 압박한 이후, 공화당 대통령이 대법관을 임명할 때 임신중지권 반대론자를 적극 고려하도록 하는 것이다. 2005년 부시 대통령이 임명한 존 로버츠 대법원장이 기대와 다르게 행동하면서 고비를 맞기는 했지만, 트럼프 대통령 당선 이후 세 명의 대법관을 교체하는 데 성공하면서 현재 연방대법원은 임신중지권 반대가 다수이다.

그러면서 일명 '방아쇠 법안trigger laws' 전략도 시작되었다. 공화당이 주의회 다수당을 차지한 주에서 로 대 웨이드 판례에 위배되는 법안을 일부러 통과시키는 것이다. 당연히 진보세력이 위헌소송을 제기할 것이고, 이를 연방대법원이 심사하도록 유도 및 압박해서 임신중지권을 재검토할 새로운 판례를 만드는 전략이다.

2020년 이후 총 12개 주의회에서 이런 종류의 법안을 통과시켰고, 연방대법원은 임신 6주차부터 임신중지를 금지한 텍사스주 법안과 임신 15주차부터 임신중지를 금지한 미시시피주 법안의 위헌여부를 심사했다. 그리고 그 결과는 2022년 임신중지권 반대 진영의 승리였다.

3. 여성의 임신중지권, 그 미래는?

2022년 연방대법원의 판례에 대해서 많은 사람들이 가지고 있는 오해는 미국에서 임신중지가 전면적으로 금지되었다고 생각하는 것이다. 그렇지 않다. 여성의 임신중지가 연방헌법으로 보장된 권리는 아니라는 것이며, 정치인들이 입법을 통해서 자유롭게 규제할 수 있게 변하는 것이다. 현재 임신중지에 관한 연방법률이 없기 때문에, 각 주별로 임신중지에 대한 정책을 정할 수 있게 된다.

우선, 임신중지를 더 엄격히 제한하는 방향으로 바뀔 주는 최대 28개 정도이다. 첫째, 13개 주에서는 연방대법원의 위헌심사를 염두에 두고 위헌소지를 포함한 법안을 사전에 일부러 통과시켰었다. 이 '트리거 법안'들은 미시시피주 법안이 위헌이 아니라고 대법원이 판결했을 때 동시에 바로 작동하기 시작했다. 둘째, 5개 주에서는 1973년 로 대 웨이드 판결 이전에 있었던 임신중지 금지법이 명시적으로 폐지되지 않고 있었다. 2022년 대법원의 결정을 바탕으로 해당 주의회에서 의결하면 이들 금지법은 금방 다시 살아날 수 있다. 셋째, 공화당이 의회와 주지사를 모두 장악하고 있어서 이들의 주도로 조만간 임신중지 금지법이 통과할 가능성이 높은 주가 10개 정도 된다.

그런데 현재도 여성의 임신중지에 제한을 두는 정도는 주마다 다르다. 2021년 기준으로 임신중지를 매우 제한적으로만 허용하는 주는 21개이고, 비교적 중립적인 주는 23개이며, 임신중지의 권리를 광범위하게 보장하는 주가 6개이다. 다만, 주목할 점은 이렇게 극단적인 다양성을 보이는 현상이 매우 최근의 일이라는 것이다. 2001년에는 임신중지에 극히 제한적인 주가 4개뿐이었고 임신중지 권리를 적극적으로 보장하는 주는 캘리포니아주 하나뿐이었다.

불과 20년 사이에 양극화된 것인데, 2010년 중간선거에서 공화당이 압승하면서 다수의 주의회를 장악한 이후 생긴 변화이다. 2001년부터 2010년까지 여러 주에서 발의된 임신중지 제한 법안은 연평균 19.7건이었는데, 2011년 93건으로 급격히 증가했고, 이후 10년 동안은 연평균 52.8건이었다. 설상가상으로 이번 연방대법원의 결정으로 더욱 극단적인 양극화 모습을 띨 수밖에 없어 보인다.

물론, 이 모든 것이 임신중지권 반대운동의 큰 승리인 것은 분명하다. 일부에서는 크게 고무되어 전국적으로 임신중지를 금지하는 연방법안을 추진하자고 주장한다. 또 임신중지 건수의 절반을 차지하는 처방약에 대한 규제를 확대하고 사후피임약의 사용을 제한하자는 움직임도 이미 시작되었다.

반대로, 임신중지에 대한 권리를 주장하는 단체나 민주당은 이 문제를 2022년 중간선거의 주요 이슈로 부각시켜 큰 도움을 받았다. 그도 그럴 것이 '트리거 법안' 때문에 즉각적으로 임신중지를 금지시킬 수 있는 13개 주에서는 임신중지권에 대한 반대 여론이 높지만, 그 이외의 주들은 상황이 다르다. 전국적으로 보면 미국인들의 3분의 2 정도가 여성의 임신중지에 대한 권리를 보장하는 데 찬성한다. 거기에 조만간 임신중지 금지 범위를 확대시킬 것으로 예상되는 15개 주 중에 다섯 주만 반대여론이 앞서고, 10개 주는 임신중지의 권리를 인정하자는 여론이 우세하다. 앞으로도 치열한 싸움이 끊이지 않을 듯하다.

더 읽을 자료

- Kristin Goss and Philip J. Cook. 2014. *The Gun Debate: What Everyone Needs to Know*. Oxford: Oxford University Press — 미국의 총기 관련 논쟁을 총정리한 책

- https://giffords.org/lawcenter/gun-laws/(기포드 센터) — 총기를 규제해야 한다는 입장을 가진 단체인데, 각 주별 총기규제 법 현황과 총기 관련 통계들을 제공하고 있음

- https://www.nytimes.com/news-event/roe-v-wade-supreme-court-abortion (뉴욕타임스 임신중지권 관련 섹션) — 뉴욕타임스에서 여성의 임신중지권과 관련해서 최근 다루었거나 새로 생기는 뉴스 기사를 모아 놓았는데, 각 주별 법 현황도 살펴볼 만함

17장

전쟁과 미국

미국이 중요한 이유는 미국이 국제사회에서 미치는 영향 때문이다. 한국의 입장에서도 주한미군이 주둔해 있고 북한과의 대치 상황에 미국의 역할이 필수적이기 때문에 미국에 큰 관심을 가지는 것이다. 그런데 미국이 해외에서 외교적·군사적 활동을 할 때 가장 중요한 요인은 미국 내부의 국내정치라는 점을 결코 간과해서는 안 된다. 최근 있었던 3가지 사례를 통해 이를 살펴보자.

1. 아프가니스탄 철수

2021년 미국이 드디어 아프가니스탄에서 철수했다. 실패한 전쟁이니 빨리 철수할 것을 미국인의 60퍼센트 이상이 요구했지만, 정작 그해 8월 말 철수 과정의 혼란은 70퍼센트 가까이가 부정적으로 보았다. 이 와중에 미국 현지와 한국에서는 몇 가지 오해와 잘못된 정보가 퍼져 있었다. '팩트체크'해 봄 직하다.

첫째, 아프간 철수 때문에 바이든 대통령의 국정지지율이 크게 하락했다고 알려졌다. 국정지지율이 2021년 초에 비해 철수 당시 10퍼센트포인트 가까이 떨어진 것은 맞다. 하지만 그 원인이 아프간 철수라는 것은 과장이다. 국정지지율이 그해 7월부터 이미 떨어지기 시작했기 때문이다. 갤럽의 조사에 따르면, 6월의 56퍼센트 지지율이 7월에 50퍼센트로 하락했고 8월은 49퍼센트이다. 이것은 7월 중순 미국 내 코로나 확진자의 급격한 증가와 때를 같이 한 것이어서 아프간 철수만이 원인이라고 보기는 힘들다.

둘째, 아프간 철수는 바이든 행정부의 트럼프 지우기의 일환이라는 주장이 있다. 트럼프 전 대통령이 아프간 철수를 맹비난했고 공화당 몇몇 의원들이 바이든 탄핵까지도 언급했던 것은 사실이다. 하지만 트럼프 행정부 시절 이미 아프간 철수를 위한 탈레반과의 평화협정을 시도했었고, 대선 이후 즉각 철수할 계획도 있었다. "가능한 많은 국가를 자유민주주의 체제로 변화시키면 전쟁과 테러를 방지할 수 있다"는 2000년대 초반 부시 행정부의 '대중동구상'이 2000년대 후반 오바마 행정부에서 '아시아로의 회귀Pivot to Asia'로 전환되었고, 트럼프 행정부는 이러한 흐름 속에서 중국의 패권을 견제하는 '인도·태평양 전략'을 수립했었다. 아프간 철수도 이때 이미 정해진 방향이어서 트럼프 지우기와는 거리가 멀다고 하겠다.

셋째, 아프간에 민주정부를 건설하지 못한 것은 실패라는 견해도 있다. 더구나 아프간 정부가 더 튼튼해지기 전에 너무 일찍 그리고 급하게 철수했다는 의견은 매우 광범위하게 퍼져 있다. 그러나 민주화를 통한 아프간 지역 안정이라는 목표는 형용모순에 가깝다. 지역 안정을 위해서는 강한 통치력에 의존할 수밖에 없는데, 역사적으로 강한 통치력은 항상 부패가 동반되고 폭력이 빈번히 사용되는 권위주의 정부하에서만 가능했다. 아프간도 예외가 아니었다. 서구의 도움으로 집권한 세력은 민주화를 추진하기보다는 지역 내 다른 세력과 타협했고 선거 부정도 저질렀다. 민주정부 건설은 애초부터 이룰 수 없는 목표였고 미군이 늦게 철수한다고 가능하지도 않았다.

넷째, 아프간 철수는 미국의 세계무대 복귀에 찬물을 끼얹은 사건이라는 평가가 있다. 하지만 철수 과정에서 동맹국 일부의 불만은 좀 있더라도 그들이 미군의 지속적인 아프간 주둔을 원한 것은 아니었다. 오히려 미국의 철수가 자국의 개입 중단을 정당화할 수 있는 근거로 작동했다. 더 큰 그림을 보면, 아프간 지역의 안정보다 훨씬 중요한 세계 공통의 문제를 해결하는 데 있어서 동맹국들이 미국의 역할을 당당히 요구할 명분도 생겼다. 미국 철수에 대한 동맹국들의 반응이 사뭇 침착하고 전략적인 이유이다.

사실 미국의 아프간 철수는 국내정치의 논리에 따라 그 시기가 선택된 필연적 이벤트였다. 2020년 트럼프 정부와 탈레반은 미군을 아프간에서 철수한다는 협약을 맺었다. 아프간 지역에서 군대를 철수해야 한다는 꾸준한 국내 여론에 따른 협약이었다. 그런데 바이든 정부가 그 협약을 따르고 철수하기로 최종 결정을 했던 2021년 4월은 코로나 확진자 수가 감소하고 경제회복의 신호가 분명했다. 복잡한 국제 이슈를 처리할 좋은 기회였다. 물론, 여름에 국내 상황이 안 좋아지긴 했지만 아프간 철수를 미룰 수도 없었다. 의회가 다시 소집되는 가을에는 인프라 확충 법안과 사회부분 예산조정안이 본격 논의될 예정이었는데, 아프간 문제 때문에 더 중요한 국내 이슈의 발목이 잡힐 수는 없었기 때문이다. 워싱턴에서 있을 새로운 큰 전쟁을 대비하기 위해 미국 밖 전쟁을 서둘러 끝냈다고 보는 편이 타당하다.

2. 우크라이나 전쟁

2022년 러시아가 우크라이나를 침공했다. 초반 예상과 달리 러시아가 여전히 고전 중이고, 미국과 유럽의 경제제재는 나름 효과를 발휘한 듯 보인다. 당시 젤렌스키 우크라이나 대통령이 화상으로 미국 상하원 합동회의에서 미국의 군사지원을 호소하는 연설도 했는데, 미국 내 반응이 꽤 좋은 편이었다.

그런데 미국 국내정치를 연구하는 저자들의 입장에서 크게 두 가지 점이 눈에 띈다. 첫째, 미국이 분쟁에 직접 개입하지 않고 있다. 러시아를 상대로 핵전쟁을 할 수는 없다고 직관적으로 이해할 수도 있지만, 1942년 이후 지난 과거의 트렌드와도 맞아떨어진다. 서울대학교 박종희 교수의 연구에 따르면, 대통령 정당의 상원 의석수는 많지만 하원 의석수가 적을 때 대통령이 외국으로 군대를 파견한다고 한다.[37] 외교정책에 관심이 많은 상원의 폭넓은 지지를 전제로, 지역구 이슈나 국내정책 때문에 하원이 대통령의 골칫거리일 때 관심을 외부로 돌리는 것이다. 하지만 2022년부터 현재까지는 줄곧 상원이 대통령 의제를 발목잡는 상황이어서 파병을 통한 분쟁 해결에 불리한 환경이다.

---

37 Jong Hee Park. 2010. "Structural Change in the U.S. Presidents' Use of Force Abroad." *American Journal of Political Science* 54(3): 766-782.

둘째, 의회에서 민주당과 공화당의 초기 입장이 매우 유사했다. 최근의 정당 양극화 상황을 고려한다면 의아해할 만하다. 그러나 미국 대통령 연구자들 사이에는 '두 개의 대통령직 가설two-presidency thesis'이라고 불리는 연구결과가 있다. 국내정책에 있어서는 대통령과 의회가 정당을 나누어 치열하게 싸우지만, 외교정책은 의회가 대통령에게 많은 부분을 위임하고 그 결정을 지지한다는 것이다. 우크라이나 전쟁의 경우도 미국의 이익을 극대화하기 위해 전쟁 초반에 대통령과 민주·공화 양당이 단결했다. 특히 2022년 3월 1일 대통령 국정연설에서는 "자유는 언제나 독재에 승리한다"는 바이든 대통령의 말에 민주·공화 양당 의원들이 모두 일어나 박수를 치는 근래 보기 드문 장면까지 있었다.

그리고 이 두 가지 점은 미국 국내 여론도 잘 반영하고 있다. 1990년대 초 소련 붕괴 직후의 갤럽조사에 따르면, 미국인들의 62퍼센트가 러시아에 우호적인 감정을 가졌었다. 하지만 2013년경에 비우호적인 견해가 우세해졌고, 2022년에는 고작 15퍼센트의 미국인들만 러시아에 우호적이다. 공화당이라고 딱히 바이든 대통령의 반러시아정책에 찬성하지 않을 이유가 없는 것이다. 또 2022년 3월 초 나온 퓨리서치 조사에 따르면, 미국 정부가 우크라이나를 돕는 다양한 정책에 미국인들은 인종·연령·학력·정당과 무관하게 지지 의사를 보내고 있다. 또 군사개입보다 경제제재를 2.5배 정도 더 지지하는 경향도 지지 정당별로 유사하다. 유일하게 우크라이나 난민을 미국으로 받아들이는 문제만 공화당 지지자들의 찬성이 상대적으로 낮은 편이다.

하지만 이러한 상황이 바이든 대통령의 성공으로 이어지지는 않았다. 비록 우크라이나 문제에는 대통령을 중심으로 '대동단결rally around the flag effect' 하는 것처럼 보였지만, 대통령에 대한 전반적인 국정지지도는 큰 변화가 없었기 때문이다. 임기 초반 50퍼센트 중반대를 유지하던 지지도가 2021년 8월 이후 40퍼센트 중반대로 주저앉은 이후 2022년 3월까지 크게 오르지도 내리지도 않았다. 그리고 이러한 경향은 2023년까지도 쭉 이어져 오고 있다.

설상가상으로 공화당 내 극우파의 반발이 심심치 않게 튀어나오고 있다. 트럼프 전 대통령의 '미국우선주의'에 자극받은 이들인데, "5000마일 떨어진 곳보다 우리나라 남쪽 국경이 더 급하다" 또는 "바이든이 러시아의 안보상 걱정거리를 잘 들어줬다면 전쟁을 피할 수 있었다"와 같은 주장을 한다. 2022년 중간선거를 위해 바이든 대통령의 우크라이나 전쟁에 대한 태도와 정책을 공화당이 매우 강하게 공격한 것도 이와 궤를 같이한다.

3. 펠로시의 대만 방문

2022년 8월 초 낸시 펠로시 미국 연방하원의장이 대만을 방문했다. 중국은 방문 이전부터 반대의 뜻을 분명히 밝혔고 대만해협에서의 무력시위도 불사했다. 양안관계는 극도로 악화되었으며, 중국 주변 국가들의 긴장도 고조되었다.

미국 언론들의 비판 목소리도 있었다. 뉴욕타임스 칼럼리스트 토마스 프리드만은 "좋을 것이 하나도 없다. 대만 정부도 진심으로 반기지는 않을 듯하다"라고 평가했고, 워싱턴포스트 분석가 아담 테일러는 "대만과 중국보다도 미국 내에서 더 논란이 될 것이다"라며 향후 영향을 부정적으로 전망했다.

그런데 정작 백악관에서는 지극히 원칙적인 반응이 주를 이뤘다. 펠로시 의장과의 사전조율과정을 설명하거나 이후 군사적 충돌을 적절히 통제할 것이라는 메시지 정도이다. 중국과 대만, 그리고 한국을 포함한 아시아 국가들이 느끼는 위기의 정도와 많이 달랐다.

당시 11월에 있을 중간선거 때문이었다고 생각한다.

먼저 퓨리서치센터의 여론조사를 살펴보자. 미국인의 89퍼센트는 중국이 미국의 경쟁자 또는 적이라고 생각한다. 또 67퍼센트 정도는 중국에 비우호적인 태도를 가지고 있다. 2018년 4퍼센트에서 크게 증가한 수치이다. 특히 민주당 지지자들 사이에서의 변화도 주목해야 한다. 불과 4년 전에는 민주당 지지자들의 38퍼센트만이 중국에 비우호적이었는데, 최근에는 61퍼센트를 넘어섰다.

가장 문제가 되는 중국 이슈에 대해서는 20퍼센트가 인권이라고 답했는데 경제를 지목한 19퍼센트를 제치고 1위를 차지했다. 민주·공화 양당 지지자들의 반응도 인상깊다. '경제 분야에서 미국은 중국에 더 강하게 나아가야 한다'는 입장에 공화당 지지자의 72퍼센트가 찬성하고 민주당 지지자의 37퍼센트만 찬성해 양당 간 뚜렷한 차이를 보였다. 하지만 '경제적으로 조금 손해를 보더라도 미국은 중국 내 인권문제를 해결하기 위해 노력해야 한다'는 입장에는 공화당 지지자의 72퍼센트, 민주당 지지자의 69퍼센트가 찬성해서 큰 차이가 없다.

미국인들이 전체적으로 중국에게서 등을 돌리고 있는 것이고, 민주당 지지자들도 예외가 아니다. 특히 인권문제에 대한 초당적인 태도가 인상깊다.

이제 펠로시 하원의장의 대만에서의 메시지를 보자. 그는 "오늘날 세계는 민주주의와 독재 사이의 선택에 직면해 있다"고 했다. "당신들은 세계에서 가장 자유로우며 번영하는 민주주의를 강화했다"며 대만을 치켜세우기도 했다. 또 중국 정부를 비판하다 도망쳐 나온 반체제인사들과도 만났다.

대만을 방문해 중국과의 대립각을 세우면서 민주·공화 양당 지지자의 공통 관심사인 중국 인권문제를 제기한 것이다. 물론, 펠로시 의장이 1991년 천안문 광장에서 "중국 민주주의를 위해 숨진 이들에게"라는 펼침막을 들고 시위한 개인적인 스토리도 있겠다. 하지만 최근 변화하는 미국 여론을 아주 잘 반영한 모습이기도 했다. 바이든 대통령이 적당히 위기관리 정도만 하는 것을 선호할 만했다.

물론, 역사적으로 외교문제는 미국 선거에서 부차적인 이슈였다. 2022년과 같이 인플레이션이 문제인 경우는 더욱 그러했다. 하지만 민주당 입장에서 무턱대고 손 놓고 당할 수만은 없을 것이다. 모든 것이 선거로 귀결되는 것이 씁쓸하지만, 미국 민주주의의 핵심은 선거임을 한 번 더 깨닫게 해주는 일이다.

더 읽을 자료

• Helen V. Milner. 1997. *Interest, Institutions, and Information: Domestic Politics and International Relations*. Princeton: Princeton University Press
　— 국내정치 속의 전략적 상호작용이 외교정책 및 국제관계에 어떠한 영향을 미치는지 체계적으로 분석한 학술서적

맺는 글

미국 정치를 통해 교훈 얻길 …

미국 역사·정치·사회를 다루는 미국의 대다수 교과서는 미국의 '훌륭한' 건국이념을 자랑스럽게 소개하고 이를 기초로 잘 유지되어 가는 미국식 민주주의를 설명한다. 하지만 미국은 지금 위기이다. 이 책에서 설명한 미국 정치의 특징을 중심으로 살펴보자.

첫째, 극심한 정당 양극화가 정치를 삼키고 있다. 미국이 패권 국가로 부상하던 2차 세계대전 직후만 하더라도 미국의 정치학자들은 미국의 정당이 지나치게 약하다고 평가했었다. 하지만 지금 미국은 민주당과 공화당이 각각 일치단결하여 사회 모든 부분에서 첨예하게 대결하고 있다. 오히려 양당의 지지자들이 감정적으로까지 양극화되어 정치는 말할 것도 없고 직장이나 개인의 사생활 영역까지도 정당의 영향을 강하게 받고 있다.

둘째, 민주주의의 가장 기본 원리인 다수통치원리를 가로막는 제도가 다수 존재한다. 최근 30년간 대통령 선거와 상원 선거에서 1회를 제외하고 민주당이 전국 득표에서 승리하였음에도 불구하고, 대통령과 상원 모두 민주당과 공화당이 대등하게 맞붙어 경쟁해 왔다. 소수의 목소리가 과대 대표되기 때문이다. 선거자금을 통해서도 소수의 부유층 목소리가 과대 대표된다. 대법원에선 국민 다수의 의견에 반하더라도 임신중지권을 폐지하는 판결이 관철되었으며, 의회에선 총기규제 반대라는 소수의 목소리가 보다 효과적이고 국민들이 원하는 방향으로의 입법을 방해하고 있다.

셋째, 다양한 종류의 불평등이 정치를 가로막고 있다. 경제적인 불평등은 세계 어느 곳이든 존재한다고 치더라도, 인종 간 불평등은 쉽게 손쓸 수 있는 단계를 넘어섰다. 미국 어느 곳을 가더라도 백인과 흑인이 사는 지역은 확연히 나뉘고, 상대방의 지나친 행동을 비난하고 때론 조롱하기까지 한다. 서로 합리적인 대화도 불가능해지고, 갈등이 또 다른 갈등을 낳는 지경이 되었다. 하지만 정치는 이러한 불평등을 근본적으로 치유하려고 하지 않는다. 선거에 도움이 되지 않기 때문이다.

넷째, 개혁과 변화가 지지부진하다. 특히 정치제도가 변화를 가로막고 있다. 의회·행정부·대법원이 서로 견제하도록 한 시스템은 역설적으로 모두가 동의하지 않는 한 개혁이 불가능하게 했다. 연방의회는 상원과 하원으로 나누어져 있고, 연방정부와 주정부는 서로 원하는 방향이 같지 않다. 거기에 연방상원은 필리버스터 때문에 의사결정을 손쉽게 하지 못한다. 사회에 무언가 문제가 있다고 판단하면 일사천리로 바꾸어버리는 한국의 효율성을 생각하면, 미국의 상황은 속이 터질 지경이다.

이 정도면 미국의 민주주의가 걱정이다. 미국 정치학자들이 민주주의 후퇴에 대해 본격적으로 연구하기 시작한 것은 바로 이런 문제의식에서 비롯된다. 또한 미국 내의 여러 문제들을 해결하기 위해 다양한 논의도

진행되고 있다. 예를 들면, 선호 투표제, 비례대표제와 같은 선거제도 개혁에 대한 연구와 필요성이 점점 대두되고 있다. 민주당과 공화당 지지자 간의 반목을 줄이고 대화를 늘려나가는 방법에 대한 연구도 한창이다. 인종과 계급 간 투표율 차이를 줄이기 위해 우편투표와 같이 투표의 편의를 높이는 제도도 점점 확대되고 있다.

그런데 이러한 연구와 움직임은 미국뿐만 아니라 한국에도 시사점이 크다. 한국에서도 정당 양극화, 감정적 양극화, 진보와 보수의 갈등이 빠른 속도로 미국을 따라잡고 있기 때문이다. 심지어 미국의 정체성 정치를 둘러싼 갈등 양상이 한국의 20-30대 유권자들 사이에서 유사하게 드러나기 시작했다. 오늘날 미국 정치에서 보는 양극화의 현실이 곧 한국의 미래가 될 수 있는 상황에서, 미국이 자신들이 당면한 도전에 어떻게 응전하는지 면밀히 지켜보다 보면 우리 사회가 배울 점도 분명히 드러날 것이다. 이 책에서 보다 다각도로 살펴본 미국 정치가 한국 정치의 모습과 겹쳐 보이면서 우리에게 큰 교훈을 줄 수 있길 고대한다.

미국과 한국이 한층 더 가까워질수록 미국의 정책 결정이 한국에 미치는 영향은 점점 커질 것이다. 최악의 상황을 가정하여 미국이 보호주의를 강화하거나 혹은 비개입주의 정책을 본격화한다면, 한국의 경제와 안보에 주는 충격은 상당할 것이다. 이렇게 미국이 한국 국익에 해가 되는 방향으로 정책 결정을 하는 미래가 다가올 경우, 속수무책으로 당하지 않고 제대로 예측하고 대응하기 위해서 미국 정치에 대한 이해가 필수다. 이런 상황에서 이 책이 미국 정치제도와 정책 결정 과정에 대해 더 깊은 이해를 제공하길 바란다.

참고문헌

영문 자료

- Bafumi, Joseph, and Michael C. Herron. 2010. "Leapfrog Representation and Extremism: A Study of American Voters and Their Members in Congress." *American Political Science Review* 104(3): 519-542.
- Bartels, Larry M. 2020. "Ethnic Antagonism Erodes Republican's Commitment to Democracy." *Proceedings of the National Academy of Sciences* 117(37): 22752-22759.
- Cameron, Charles, and Jonathan P. Kastellec. 2021. "Conservatives may control the Supreme Court until the 2050s." *Washington Post, Monkey Cage.* (December 14).
- Campbell, Angus, Philip E. Converse, Warren E. Miller and Donald E. Stokes. 1960. *The American Voter.* Chicago: University of Chicago Press.
- Cohen, Marty, David Karol, Hans Noel and John Zaller. 2008. *The Party Decides: Presidential Nominations Before and After Reform.* Chicago: University of Chicago Press.
- Drutman, Lee. 2021. "The high turnout in 2020 wasn't good for American democracy." *Washington Post, Monkey Cage* (February 10).
- Epstein, Lee, and Jack Knight. 1998. *The Choices Justices Make.* Washington D.C.: CQ Press.
- Fan, Yingjie, Jennifer Pan, Zijie Shao and Yiqing Xu. 2020. "How Discrimination

Increases Chinese Overseas Students' Support for Authoritarian Rule."21st Century China Center Research Paper 2020-05.

- Fording, Richard C., and Sanford F. Schram. 2020. *Hard White: The Mainstreaming of Racism in American Politics*. Oxford: Oxford University Press.

- Fraga, Bernard L. 2018. *The Turnout Gap: Race, Ethnicity, and Political Inequality in a Diversifying America*. Cambridge: Cambridge University Press.

- Fraga, Bernard L., Sean McElwee, Jesse Rhodes and Brian F. Schaffner. 2017. "Why did Trump win? More whites and fewer blacks actually voted." *Washington Post, Monkey Cage*. (May 8).

- Frank, Thomas. 2016. Listen, Liberal. New York: Picador.

- Goss, Kristin, and Philip J. Cook. 2014. *The Gun Debate: What Everyone Needs to Know*. Oxford: Oxford University Press.

- Grossmann, Matt, and David A. Hopkins. 2016. *Asymmetric Politics: Ideological Republicans and Group Interest Democrats*. Oxford: Oxford University Press.

- Heberlig, Eric S., Suzanne M. Leland and David Swindell. 2018. *American Cities and the Politics of Party Conventions*. Albany: SUNY Press.

- Hobbs, William, and Nazita Lajevardi. 2019. "Effects of Divisive Political Campaigns on the Day-to-Day Segregation of Arab and Muslim Americans." *American Political Science Review* 113(1): 270-276.

- Hopkins, Daniel J., and Hans Noel. 2022. "Trump and the shifting meaning of "conservative": Using activists' pairwise comparisons to measure politicians' perceived ideologies."*American Political Science Review* 116(3): 1133-1140.

- Jacobson, Gary C., and Jamie L. Carson. 2019. *The Politics of Congressional Elections*. 10th edition. Lanham: Rowman & Littlefield.

- Kaufmann, Karen M., James G. Gimpel and Adam H. Hoffman. 2003. "A Promise Fulfilled? Open Primaries and Presentation" *Journal of Politics* 65(3): 457-476.

226

- Lu, Runjing, and Sohpie Yanying Sheng. 2022. "How racial animus forms and spreads: Evidence from the coronavirus pandemic." *Journal of Economic Behavior & Organization* 200: 82-98.

- MacDonald, Maggie, and Megan A. Brown. 2022. "Republicans are increasingly sharing misinformation, research finds." *Washington Post, Monkey Cage*. (August 29).

- Malzahn, Janet, and Andrew Hall. "Election-Denying Republican Candidates Underperformed in the 2022 Midterms." Working Paper.

- Matin, Andrew D., and Kevin M. Quinn. 2002. "Dynamic Ideal Point Estimation via Markov Chain Monte Carlo for the U.S. Supreme Court, 1953-1999." *Political Analysis* 10: 134-153.

- Martin. Gregory J., and Ali Yurukoglu. 2017. "Bias in Cable News: Persuasion and Polarization." *American Economic Review* 107(9): 2565-2599.

- McGann, Anthony J., Charles Anthony Smith, Michael Latner and Alex Keena. 2016. *Gerrymandering in America*. Cambridge: Cambridge University Press.

- Milner, Helen V. 1997. *Interest, Institutions, and Information: Domestic Politics and International Relations*. Princeton: Princeton University Press.

- Miras, Nicholas S., and Stella M. Rouse. 2021. "Partisan Misalignment and the Counter-Partisan Response: How National Politics Conditions Majority-Party Policymaking in the American States." *British Journal of Political Science* 52(2): 573-592.

- Mitts, Tamar. 2019. "From Isolation to Radicalization: Anti-Muslim Hostility and Support for ISIS in the West." *American Political Science Review* 113(1): 173-194.

- Newman, Benjamin J., Jennifer Merolla, Sono Shah, Danielle Lemi, Loren Collingwood and Karthick Ramakrishnan. 2021. "The Trump Effect: An Experimental Investigation into the Emboldening Effect of Racially Inflammatory Elite

Communication." *British Journal of Political Science* 51(3): 1138-1159.

- Park, Jong Hee. 2010. "Structural Change in the U.S. Presidents' Use of Force Abroad." *American Journal of Political Science* 54(3): 766-782.

- Polsby, Nelson W., Aaron Wildavsky, Steven E. Schier and David A. Hopkins. 2023. *Presidential Elections: Strategies and Structures of American Politics*. 16th edition. Lanham: Rowman & Littlefield.

- Schaffner, Brian F. 2020. *The Acceptance and Expression of Prejudice During the Trump Era*. Cambridge: Cambridge University Press.

- Sides, John, Michael Tesler and Lynn Vavreck. 2019. *Identity Crisis: The 2016 Presidential Campaign and the Battle for the Meaning of America*. Princeton: Princeton University Press.

- Smith, Steven S., Jason M. Roberts and Ryan J. Vander Wielen. 2020. *The American Congress*. 10th edition. Lanham: Rowman & Littlefield.

- Stonecash, Jeffrey M., 2008. *Reassessing the Incumbency Effect*. Cambridge: Cambridge University Press.

- Tesler, Michael. 2016. *Post-Racial or Most-Racial? Race and Politics in the Obama Era*. Chicago: University of Chicago Press.

- Thomsen, Danielle M. 2017. *Opting Out of Congress: Partisan Polarization and the Decline of Moderate Candidates*. New York: Cambridge University Press.

- Vladeck, Stephen I. 2023. "Just How Hypocritical Are the Supreme Court's Conservative Justices Willing to Be?" *New York Times* (March 13).

- Wolf, Stephen. 2023. "Republicans have won the Senate half the time since 2000 despite winning fewer votes than Democrats." *Daily Kos* (February 15).

한글 자료

- 국승민. 2020. "미국의 분열 드러낸 선거… '통합' 외침, 러스트벨트 움직여." 《경향신문》 (11월 9일).

- 권석천. 2017. 《대법원, 이의 있습니다》 창비.
- 김지윤. 2020. 《선거는 어떻게 대중을 유혹하는가?》 EBS Books.
- 낸시 매클린. 김승진 역. 《벼랑 끝에 선 민주주의: 억만장자 코크는 어떻게 미국을 움직여왔는가?》 세종서적.
- 미국정치연구회 편. 2008. 《미국정치의 분열과 통합》 오름.
- 미국정치연구회 편. 2013. 《어게인 오바마》 오름.
- 미국정치연구회 편. 2017. 《트럼프는 어떻게 미국 대선의 승리자가 되었나》 오름.
- 미국정치연구회 편. 2020. 《트럼프 이후의 중간선거》 오름.
- 미국정치연구회 편. 2022. 《트럼프의 퇴장?》 박영사.
- 박홍민. 2016. "미 정책 변화보다 보혁 양극화 더 심해질 것." 《한국일보》 (11월 18일).
- 박홍민. 2018. "트럼프, 기울어진 운동장 덕에 이룬 그들만의 승리." 《한국일보》 (11월 9일).
- 박홍민. 2020. "공화당의 민낯, 민주당의 민낯." 《한국일보》 (11월 9일).
- 박홍민. 2022. "명암이 교차한 미국 중간선거의 여섯 가지 특징." 《한국일보》 (11월 29일).
- J. D. 밴스. 김보람 역. 2017. 《힐빌리의 노래》 흐름출판.
- 사샤 아이센버그. 이은경 역. 2012. 《빅토리랩: 대중의 심리를 조종하는 선거 캠프의 비밀》 알에이치코리아.
- 손병권. 2018. 《미국 의회정치는 여전히 민주주의의 전형인가?》 오름.
- 에즈라 클라인. 황성역 역. 2022. 《우리는 왜 서로를 미워하는가: 편가르기 시대 휘둘리지 않는 유권자를 위한 정당정치 안내서》 월북.
- 이저벨 윌커슨. 이경남 역. 2022. 《카스트: 가장 민주적인 나라의 위선적 신분제》 알에이치코리아.
- 토머스 프랭크 저. 고기탁 역. 2018. 《민주당의 착각과 오만》 열린책들.

웹사이트

- https://bipartisanpolicy.org
- https://cces.gov.harvard.edu
- https://electionstudies.org/data-center/
- https://www.fairfaxdemocrats.org/wp-content/uploads/2011/07/Votebuilder-Basics.pdf
- http://FiveThirtyEight.com
- https://gerrymander.princeton.edu
- https://giffords.org/lawcenter/gun-laws/
- http://nationalatlas.gov
- https://voteview.com/articles/party_polarization
- http://www.cookpolitical.com
- http://www.gallup.com/poll/143717/Republicans-Democrats-Shift-Whether-Gov-Threat.aspx
- http://www.house.gov
- https://www.nytimes.com/news-event/roe-v-wade-supreme-court-abortion
- https://www.opensecrets.org
- http://www.senate.gov

저자 소개

박홍민

2001년 서울대학교 경제학부를 졸업하고, 2004년 서울대학교에서 정치학 석사
학위를, 2010년 미국 워싱턴대학교(세인트루이스 소재)에서 정치학 박사학위를
받았다. 2010년부터 2014년까지 앨라배마주립대학교에서 교수로 재직했으며,
2014년부터 현재까지 위스콘신주립대학교에서 정치학과 교수로 일하고 있다.
미국의 의회, 대통령, 정당 등 정치제도에 대하여 연구와 강의를 하고 있으며,
The Politics of Conciliation: Resolving Inter-Cameral Differences in the U.S. Congress
(미시간대학교 출판부) 등 세 권의 저서와 15편의 학술논문을 저술하였다.

국승민

2009년 서울대학교 정치학과를 졸업하고, 2011년 서울대학교에서 정치학 석사
학위를, 2017년 미국 캘리포니아대학교 샌디에이고에서 정치학 박사학위를 받
았다. 2017년부터 2020년까지 워싱턴대학교(세인트루이스 소재)에서 박사후 연
구원을, 2020년부터 2023년까지 오클라호마대학교에서 교수로 재직했으며, 현
재는 미시간주립대학교에서 정치학과 교수로 일하고 있다. 미국의 선거, 여론,
인종, 경제적 불평등, 주거 불평등에 대하여 연구와 강의를 하고 있으며, 저서
인 《20대 여자》(시사IN북)와 10편의 학술논문을 저술했다.

미국에서 본 미국 정치

선거와 양극화 그리고 민주주의

1쇄 인쇄 2023년 8월 28일
1쇄 발행 2023년 9월 15일

지은이 박홍민·국승민
발행인 부성옥
발행처 도서출판 오름
등록번호 제2015-000047호 (1993. 5. 11)
주 소 서울특별시 중구 필동로 19 삼가빌딩 4층
전 화 (02) 585-9123 / 팩 스 (02) 584-7952
E-mail oruem9123@naver.com

ISBN 978-89-7778-525-0 93340